# 增长的革命

THE REVOLUTION OF GROWTH

岳文厚 白津夫 等编著

机械工业出版社
China Machine Press

图书在版编目（CIP）数据

增长的革命 / 岳文厚等编著 . —北京：机械工业出版社，2017.6

ISBN 978-7-111-55947-4

I. 增… II. 岳… III. 企业经济 – 经济增长 – 研究 IV. F27

中国版本图书馆 CIP 数据核字（2017）第 013262 号

增长的革命

出版发行：机械工业出版社（北京市西城区百万庄大街 22 号 邮政编码：100037）
责任编辑：冯小妹
责任校对：殷 虹
印 刷：北京诚信伟业印刷有限公司
版 次：2017 年 3 月第 1 版第 1 次印刷
开 本：147mm × 210mm 1/32
印 张：7
书 号：ISBN 978-7-111-55947-4
定 价：59.00 元

凡购本书，如有缺页、倒页、脱页，由本社发行部调换
客服热线：（010）68995261 88361066 投稿热线：（010）88379007
购书热线：（010）68326294 88379649 68995259 读者信箱：hzjg@hzbook.com

## 推荐序

# 创享“人才红利”

面对增长乏力和环境压力，中国经济呈现新常态，呼唤和培育新产业、新业态、新动能，以迎接、引领新一轮科技革命和产业革命。

经济新常态下，发展的关键正从数量型、速度型向质量型、效益型转变，投资不再是简单的资本投入，而是要产业升级、技术创新，新常态带给中国经济结构调整、产业结构升级的“窗口期”，是调整结构、技术创新的最佳时机。这恰恰有利于打破旧有格局，形成新的人才流动机遇。我们要注重产品的质量，也要注重人才质量。社会各界要积极创造条件，促进人才的自由流动和竞争。

创新驱动发展，亟需加快培养高素质人力资源，以及提升人才效能。如果供给侧结构性改革不与人力资源数量和素质的提高相结合，效率是上不去的。人力资源的开发和人才资本的提高，要有更广泛有效的思路引进人才，要有创新型的开放模式育才用才，要有良好的环境和条件聚才借才。人才自由竞争下的垂直流动、自由流动，将有利于创造公平正义的社会环境，将有利于激发人才创造活力，有利于形成中国品牌和中国动力。

这是深化改革的一个大课题，需要树立新的发展理念，需要开拓新的增长源泉，需要适应和引领新的产业技术革命。

《增长的革命》一书，尝试着解答这一课题，通过对经济增长相关要素的摸底分析，找到增长方向，获得发展动力，从而使经济增长成为一个长期的、持续的系统，形成人才要素的增长路线图。这是一个全新的研究方向，具有一定的开拓意义和现实针对性。

从根本上说，发展的不竭力量蕴藏在人民群众之中。中国9亿多劳动力、1亿多受过高等教育和有专业技能的人才，是我们最大的资源和优势。实现新旧动能转换，推动发展转向更多依靠人才资源和科技创新，既是一个伴随阵痛的调整过程，也是一个充满希望的升级过程。只要闯过这个关口，中国经济就一定能够浴火重生、再创辉煌。

未来经济的出路在哪里？未来的发展源和增长点是什么？中国转型升级的关键点在哪里？关键在人，关键在人才！人才引领着增长，人才创造着经济的价值和产业的流向。

人才中国，是中国贡献给世界的新的发展路径和成长方略。我同意本书作者的观点，希望绿色创新的人才增长策，能够获得广泛认同，能够成为实践行动，在共建共享“人才红利”的新时期，创造出中国的文化品格和文明生态。

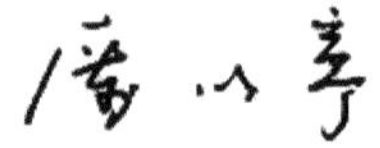

# 序

## 人才增长源

2012年以来，中国经济增速持续放缓，进入换档期，呈现新常态。而知识经济异军突起，文化产业与日俱增，人才资本日益活跃，新产业、新业态、新动能呼之欲出，倡导“一带一路”，布局全球科技创新中心，掀起了一场“互联网+”创新驱动的产业革命。

每一次产业变革和工业革命都是世界经济版图的一次重组，创新型、开放型国家获得了弯道超车、超前发展的机遇。英国通过第一次工业革命，成为“日不落帝国”；日本、德国等国家凭借第二次工业革命称霸全球；美国通过第三次工业革命，获得了百年以上的持续增长，挟世界经济霸主地位，引领科技产业发展潮流。我们错过了前三次工业革命的列车。

如今，中国又到了一个非常特殊的历史时期，当“新常态”遇上第四次工业革命，世界经济将带来新的改变。习近平同志在《法兰克福汇报》上撰文指出，全球新一轮的科技革命，引发了新一轮的产业革命，世界各国要争相调整、适应，抓紧实行必要改革。

改革，如何改？往哪里改？能否梳理清这个问题直接决定我们能否抓住新的机遇，站到世界经济第一梯队。

本书尝试通过对经济增长相关要素的摸底，找到增长方向，获得发展动力。

第二次世界大战后的20年里，一些在战争中遭受巨大损伤的国家，如德国和日本奇迹般地迅速恢复和发展起来。同时，另一些资源条件很差的国家和地区，如丹麦、瑞士和亚洲“四小龙”同样在经济方面取得了巨大的成功。经济学家“意外地”发现在土地、物质资本和劳动之外，人力资本，尤其是掌握特殊知识和专业化的人力资本是经济增长的主要因素。它们不仅能获得收益，而且能使其他经济要素也获得效益，从而使经济增长成为一个长期的、持续的系统。

本书第三章、第四章、第五章从内生经济增长理论模型出发，通过梳理美国的再工业化之路、德国制造的崛起、日本诺贝尔奖井喷现象，以及国内以“深圳模式”为代表的经济实践，得出结论，人才是经济增长的第一资源，人才投资的效益增值远远大于房产、股票等其他物质资本的投入。无论是经济转型，还是创新驱动，都必须依靠人才。

既然找到了方向，该如何走呢?

本书第六章、第七章、第八章将未来经济发展所需要的人才进行分类讨论，企业家、科研工作者、蓝领都需要通过不断地学习和创新，主动适应未来工作状态。同时，他们所在的组织（包括企业和国家)，也必须创新组织形式，充分盘活人才资产，增加人才附加值，即“大众创业、万众创新”如何落地的问题。

从根本上说，发展的不竭力量蕴藏在人民群众之中。9亿多劳动力、1亿多受过高等教育和有专业技能的人才，是我们最大的资源和优势。实现新旧动能转换，推动发展转向更多依靠人才资源和科技创新，既是一个伴随阵痛的调整过程，也是一个充满希望的升级过程。只要闯过这个关口，中国经济就一定能够浴火重生、再创辉煌。

实际上，我国部分地区早就开始了这种人才探路。本书第九章、第十章、第十一章讲解了云南和贵州两个经济发展“后进生”的“求才”之路，从-1到1，紧紧把握住时代脉搏，布局大数据战略，出台优厚的人才政策，栽下梧桐树，引得凤凰来。它们是我国经济发展的一个小缩影，在一定程度上代表着我国“软工业”的未来之路。

美国善于引领科技，德国精于精细工业，日本乐于生活品制造，那中国的增长模式是什么？自信的力量在哪里？参与全球治理的资本是什么？第十二章至第十四章，将全部的梳理提炼为一个可操作的模式：结合“互联网+”，从制度到政策，从薪酬到环境，全面构筑全球人才高地。

未来经济的出路在哪里？未来的发展源和增长点是什么？我们可以理性、科学地说，在人才！中国转型升级在哪里？也在人才！人才引领着增长，人才创造着经济的价值和产业的流向。

# 前言

创新是从根本上打开增长之锁的钥匙。面对中国发展新起点，面向全球增长新蓝图，必须供给侧和需求端协同发力，加快新旧增长动力转换。提高增长的效能，实现增长的革命，关键在人，尤其是人才。

在人才引领的创新时代，“互联网+”日益渗透，生产呈现“小型化、智能化、专业化”，消费出现“个性化、多样化、定制化”，竞争表现为“国际化、生态化、差异化”，经济强调“高效率创造、高水平增长、高附加值效益”，发展动力源于知识、智力、技术和人才等要素。

站在绿色和谐的时代高度，以让生活更美好为尺度，结合人的幅度、城的宽度、市的密度、业的维度，我们思辨可能路径，考量战略策略。通过深入的调查研究和大量的实证分析，我们发现，增长的革命，依靠和依托于人才的开发、开放。经过反复的利弊分析、对比思考、价值衡量，综合发展趋势和市场需求，我们提出了构建创新生态链的人才增长发展模式。

人才引领增长的革命，要树立新的资源观，要突破原有的发展路径，要打造新的开放平台，要完善新的服务环境，要实现

“两个引领”——国际引领和智慧引领。以全球化的视野定位产业、资本、科技、服务，通过用好国内和国际两个市场、两种资源，实现人才链、产业链、资本链、文化链的深度融合。

开启改革发展创时代，迎接人才的美好春天。希望我们的研究能够为中国的创新崛起、世界的增长进步提供新的视角，发挥知识的力量、文化的作用。

由衷感谢支持我们研究、写作、实践的领导和专家。书中有大量案例出自中国留学人才发展基金会、中国人才科学研究基金、人才港研究院的调研成果。中央组织部、中央统战部等部委相关领导对调研给予了大力支持和积极协调，北京、上海、广东、浙江、江苏、山东、湖南、湖北、天津、河北、四川、陕西、云南、贵州、宁夏、辽宁、黑龙江等省市或自治区，特别是深圳、珠海等地的组织、科技等部门，以及中关村、前海、浦东等改革先行区都精心安排了调研，提供了丰富的一手资料，国家发改委、工信部、教育部、国资委、银监会、澳门人才发展委员会、中国企业家协会、中国创投协会、中国产学研合作促进会、中国青年创业就业基金会、新华网、《中国培训》、星华智本、广东省创新人才促进会、华大基因、光启研究院、滴滴出行、福田集团、360集团、湖畔大学、惠普大学、盛世众创、荣盛发展、国美集团、神州长城、北科建集团等单位也启发了本书的创作，在此一并致谢。

中国留学人才发展基金会理事长曹卫洲，以及秘书长庄亮、刘伟一直关心本书的出版，宁夏工商联主席刘金虎为本书的出版付出了心血，中国人才科学研究院常务副院长金星华及赵晖、李小涛、李涛、胥和平、周久才、王通讯、徐晓林、欧阳进、姚丽、沈荣华、桂昭明、李国斌、赵海宽、王凤莲、狄娜、谢日荣、王辉耀、罗旭、郭银星等领导和专家从专业视角对书稿提出了诚恳的建议，王宇、肖赞、袁夏岚（暨南大学）、胡元姣（江苏省哲学社会科学界联合会）、杭建、王真等同志积极参与了本书的写作和修订，书中关于日本“诺贝尔现象”的论述参考了孟庆枢教授的观点，郑之杰、徐井宏、孔凡仪、吴伟鹏、耿建明、胡陆军、马书彦、王广发、刘循序、毛大庆、杨柳、宋晔、朱晓波、陈略、王木辉、李新忠、刘永文、李海棠、胡振林、张静、卢大波、曹海涛、刘峰、邵英浩等同志也对本书的创作提出了宝贵的建议和意见。特别感谢机械工业出版社策划编辑马斌女士，是她出众的才华和严谨的态度促成了本书的顺利出版。对大家的无私奉献致以最诚挚的谢意。

时新事异，碍于有限的学识和感知力，以及未来社会的无限可能性，本书还有诸多不妥之处，恳请读者指正。

岳文厚

2017 年 2 月

# 目　录

## 第五篇　重建：创新增长版图

# 第一篇

# 疑惑：钱更难赚了？

# 第一章
# 日新月异的大时代

## 第一节　新经济动了谁的奶酪

2012年以来，中国传统制造业困难重重，破产、倒闭、跑路时有发生，虽然说“倒闭潮”有些夸张，但不得不承认和面对的是，以劳动密集型、制造加工业为主的传统行业最先受到了新经济的冲击，尤其是传统制造加工业。缺人、缺技术、缺钱、没市场，旧的、落后的产业式微，必然伴随着新的经济业态的诞生，新经济应运而生。

那么，新经济到底包含哪些内容？又会带来什么机遇？

新经济的覆盖面很广泛，内涵很丰富，它涉及一、二、三产业，不仅仅是指互联网、物联网、云计算以及电子商务等新兴服务业和新业态，也包括工业当中的智能制造、大规模的定制化生产等，还涉及第一产业当中有利于推进适度规模经营的家庭农场、股份合作社，以及农村一、二、三产融合发展等。

新经济可以看作是经济运行方式中的创新因素。新经济“新”就新在同时强调了传统产业和新兴产业两方面的“新”，而不只涉及新技术、新产业、新业态。也就是说，不管是传统行业还是新兴行业，都可以借助新技术、新人才，开创新的发展模式。

新经济为传统企业创新发展带来了巨大的机遇。大数据、云计算、智能制造等技术创新，激发传统行业产生新的商业模式，也使得资源配置更加高效，企业生产能更好地满足消费者的需求。新兴的行业就像是一面镜子，照射出了传统行业的弊病，看似对传统行业进行“剿杀”，实则是传统行业转型的良机。

当然，新事物要想被大众接受，是需要时间来检验的。有的企业觉得生存更难了，钱更难赚了，认为是新经济抢了它们的“前途”和“钱途”。但是，另外一大批创业者却认为最坏的时代便是最好的时代，他们利用新的技术、新的理念，在新经济时代玩得风生水起。

所以，新经济并没有抢走谁的“奶酪”，传统行业“举步维艰”只是市场经济下优胜劣汰的自然法则和经济转型共同助推的结果。这种更新换代是伴随着阵痛的，对企业而言，转型就有希望；对人而言，学习新技能、改变陈旧观念才能成为新时代需要的人才。

**新时代　新坐标**

<table>
<tr><td rowspan="4">新时代</td><td>新起点</td><td>中国全面深化改革、增加经济社会发展新动力的新起点<br>中国适应经济发展新常态、转变经济发展方式的新起点<br>中国同世界深度互动、向世界深度开放的新起点</td></tr>
<tr><td>新蓝图</td><td>建设创新、开放、联动、包容型世界经济<br>推动世界经济走上强劲、可持续、平衡、包容增长之路</td></tr>
<tr><td>新作为</td><td>建设开放型世界经济，拓展发展空间<br>建设联动型世界经济，凝聚互动合力<br>建设包容型世界经济，夯实共赢基础</td></tr>
<tr><td>新目标</td><td>让增长和发展惠及所有国家和人民，让各国人民特别是发展中国家人民的日子都一天天好起来</td></tr>
</table>

<table>
<tr><th colspan="2">新常态</th><th colspan="2">新动能</th><th colspan="2">新经济</th></tr>
<tr><td rowspan="2">速度</td><td rowspan="2">从高速增长转为中高速增长</td><td rowspan="2">新资源</td><td>人才智力资源</td><td>本质</td><td>知识经济</td></tr>
<tr><td>文化信息资源</td><td>核心要素</td><td>创新</td></tr>
<tr><td rowspan="2">结构</td><td rowspan="2">结构不断优化升级</td><td rowspan="4">新动力</td><td>文化影响力</td><td rowspan="2">依托</td><td rowspan="2">智力资源</td></tr>
<tr><td>资本运营力</td></tr>
<tr><td rowspan="4">动力</td><td rowspan="4">要素驱动、投资驱动转向创新驱动</td><td>品牌传播力</td><td rowspan="2">支柱产业</td><td rowspan="2">高新技术</td></tr>
<tr><td>内容创新力</td></tr>
<tr><td>新产业</td><td>互联网＋<br>科技服务业<br>智能制造</td><td rowspan="2">发展模式</td><td rowspan="2">集约型<br>可持续</td></tr>
<tr><td rowspan="4">新技术</td><td rowspan="4">延续性创新<br>颠覆性创新<br>应用性创新<br>体验式创新<br>集成创新<br>流程创新<br>协同式创新<br>……</td></tr>
<tr><td rowspan="6">特征</td><td rowspan="6">高效率、低成本、可持续的中高速增长</td><td rowspan="6">形态</td><td>分享经济</td></tr>
<tr><td>聚变经济</td></tr>
<tr><td>文化经济</td></tr>
<tr><td colspan="2">新业态</td><td>创意经济</td></tr>
<tr><td colspan="2" rowspan="2">基于互联网的创业组织方式、创新设计产业、新型制造模式、新型营销模式</td><td>网络经济</td></tr>
<tr><td>……</td></tr>
<tr><td>方式</td><td colspan="5">打造增长生态系统，实现以人才为核心的生活、生产、生态的全面连接</td></tr>
</table>

## 第二节　从有限到无限

经济下行压力增大，摆脱传统的增长模式，急需寻找新的动力源泉。世界经济增长越来越依靠以信息技术和互联网为代表的新技术、新业态。

麦肯锡全球研究院发布了《中国的数字化转型：互联网对生产力与增长的影响》报告，提出了 iGDP 的概念，即互联网经济占 GDP 的比重。报告认为，2010 年，中国的互联网经济只占 GDP 的 3.3%，落后于大多数发达国家。而到了 2013 年，中国的 iGDP 指数升至 4.4%，已经达到全球领先国家的水平。来自三胜产业研究中心的调查数据显示，2010 年，中国互联网经济规模在 2.3 万亿美元左右，到 2020 年，或将达到 10.45 万亿美元。2015 ~ 2020 年全球互联网行业经济规模预测见图 1-1。

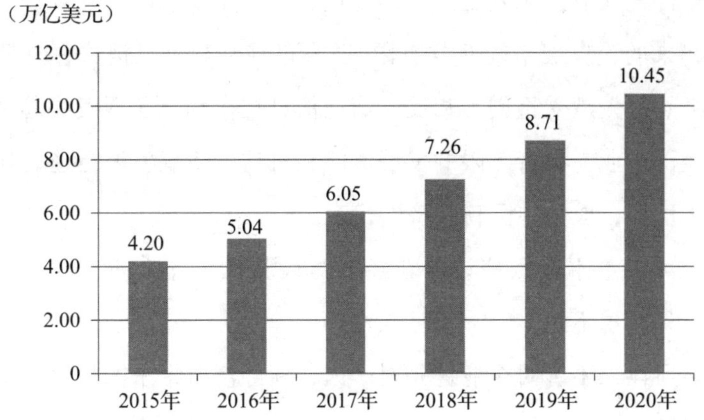


图 1-1　2015 ~ 2020 年全球互联网行业经济规模预测

数据来源：三胜产业研究中心。

另一组更具体的数字也可以说明互联网经济的迅猛发展。据统计，中国互联网企业市值规模迅速扩大，互联网相关上市企业328家，市值规模达7.85万亿元，相当于中国股市总市值的25.6%。目前，阿里巴巴、腾讯、百度、京东4家上市公司进入全球互联网公司10强，华为、蚂蚁金服、小米等非上市公司进入全球前20强。阿里巴巴集团在纽交所上市两周年，便登顶亚洲所有上市公司市值首位，从核心电商，到支付与金融、大数据、云计算、大文娱、智能物流网络，阿里巴巴在十年间造就了一个“商业帝国”。

阿里巴巴为中国新经济的发展发挥了重要的驱动力，马云受联合国邀请出任联合国贸易和发展会议青年创业和小企业特别顾问，这也是联合国贸易和发展会议自1964年成立以来，第一次聘请此类顾问。有媒体将此次任命视为“中国新经济的荣耀”。

传统产业，尤其是加工制造业，大多是依靠“人口红利”发展起来的，发展空间非常有限，“人口红利”一旦消失，这些产业必然最先遭受重创。相反，依托信息技术和互联网发展起来的新经济产业，有着无限的发展潜能和机遇，不仅发展迅速，还走向了世界，成为中国新经济的代表。

可以毫不夸张地说，新经济时代验证了什么叫“没有做不到，只有想不到”。

所以，不管对企业还是对个人，新经济所带来的机会，都是无限的。

# 第二章
# 曾被忽略的资源

## 第一节 “人口红利”摊薄

据统计，近 5 年中国劳动年龄人口累计减少 2 000 万，2016 年继续下降，劳动力供给的减少导致人工成本上升、产业转移和技术替代劳动成为未来的趋势。2012 ~ 2015 年我国劳动年龄人口减少情况见图 2-1。

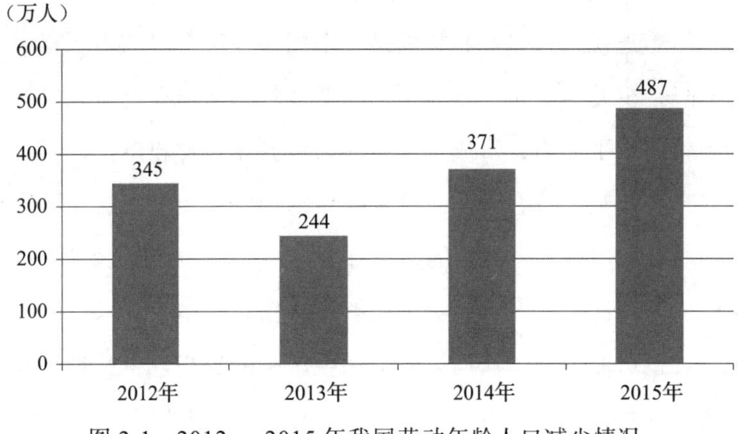


图 2-1 2012 ~ 2015 年我国劳动年龄人口减少情况

数据来源：国家统计局。

我国15～59岁劳动年龄人口在2011年的时候达到峰值9.25亿人，2012年比2011年减少345万，这是劳动年龄人口的首次下降。2012年开始逐年下降，2013年减少244万，2014年减少371万，2015年减少487万。

清华大学和复旦大学共同完成的《中国劳动力市场技能缺口研究》预测，未来15年，我国劳动年龄人口将出现供给减少、劳动参与率下降和年龄结构加速老化的复杂局面。报告称，我国劳动力人口规模从2010年的7.57亿增加到2012年的7.64亿，然后将持续减少到2030年的6.27亿。伴随着城镇化进程加快，城镇劳动力人口规模还将继续增加，而农村劳动力人口规模还将继续减少。

改革开放以来，中国经济持续快速增长的一个重要动力就是人口红利。为了充分利用人口红利，国家出台了很多鼓励劳动力密集型企业发展的政策，这使中国在短期内成为世界制造业的中心，为中国经济发展起到了很大的推动作用。

简单地说，人口红利指的是一个国家在某个时期内生育率迅速下降，少儿与老年抚养负担均相对较轻，从而在老年人口比例达到较高水平之前，形成一个劳动力资源相对比较丰富，对经济发展十分有利的黄金时期。这种人口结构的变化带来的经济增长上的好处可以称为“直接的人口红利”。另外，由于抚养比下降，家庭储蓄可能会上升，社会上能够用于固定资本投资以及教育投资的钱也可能增加，从而导致劳动生产率的提高，由此带来的经济增长的好处可以称为“间接的人口红利”。不过人口红利是不可持续的：生育率的下降和人均寿命的延长，最终会导致老年人口占比增加，使得抚养比停止下降，转而上升。事实上，中国在 2013 年已经到达了抚养比的最低谷，也就是说人口红利已经消失，开始转为所谓的“人口负债”。

那么，人口红利在多大程度上影响了中国经济过去数十年的增长?

改革开放以来，人口红利对 GDP 的贡献量和贡献率均呈持续增长的趋势。各种不同的估算认为人口红利对中国 20 世纪最后 20 年中经济增长的贡献为 15% ~ 25%。

中国社会科学院副院长蔡昉曾测算，改革开放以来，中国人均 GDP 增长率中有 27% 的贡献来自人口红利。但复旦大学教授王丰与夏威夷大学教授安德鲁·梅森的联合研究发现，人口红利对中国经济的贡献在 15% 左右。

南京大学社会学系教授陈友华在其 2008 年发表的一篇论文中提出：进入 21 世纪后，中国每年实现的 GDP 中，人口红利的贡献份额已超过 10%。到 2006 年时，人口红利因素对当年 GDP 的贡献量达到 28 178.61 亿元，占当年 GDP 的比例高达 13.36%。

不管学界对数字的争议如何，人口红利减弱已经是不争的事实。劳动力短缺和老龄化将是中国接下来亟待解决的问题。

根据国家统计局统计，2015 年，中国人口总量为 13.67 亿人，其中 60 岁以上的老人超过 2.2 亿人，占总人口的 16.1%。0 ~ 15 岁的少儿人口 2.4 亿人，占比为 17.6%。中国虽然仍是一个人口大国，但是人口结构扭曲，快速老龄化与严重少子化并存，劳动年龄人口老化，远远算不上一个人口强国。中国老龄化趋势见图 2-2。

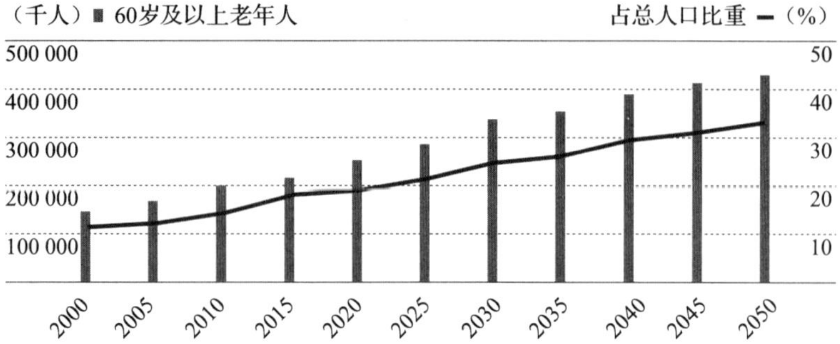


图 2-2　中国老龄化趋势

数据来源：中国产业信息网。

人口红利是有效生产者与有效消费者年增长率之差，它并非取之不尽，用之不竭。蔡昉教授分析，2013 ~ 2015 年前后为中国人口红利的转折点，从这时起，人口老龄化速度加快将使人口红利转为人口负债。

众多数据表明，人口红利并非免费的午餐。计划生育政策的推行加速了中国的人口结构转变，使中国提前进入人口红利阶段。但是，它来得快去得也快，严格的人口控制使中国人口老龄化速度大大加快，人口红利也因此而加速消失。

随着人口红利的逐步消失，中国经济的潜在增长率不可避免地下滑，这就需要调整相应的政策和策略，寻找新的增长动力。

面对人口新常态，有学者提出了三个新举措来应对。一是迅速出台鼓励生育的政策，有效增加出生人口，甚至放开对三孩以上生育的限制。二是通过进一步打通城乡劳动力流动的障碍，加快农民工市民化进程，提升人口对于经济的促动作用，也就是通过户籍制度改革加快新型城镇化建设。三是提高劳动参与率和劳动力质量。

从人口红利到人口负债，中国正在经历这一无法逆转的重大转变。与其无奈地叹息人口红利的消逝，不如立即采取行动，通过相关改革，努力释放人口作为消费和生产主体的潜力，实现人口与经济的良性互动。

## 第二节　人才增长的牵引力

### 一、人才红利

“人口红利”渐行渐远，劳动力人口大规模缩减和结构老化正在影响中国经济转型。但长期以来，经济学家主要从人口数量角度考察人口的变化对经济增长的影响，而忽视了素质、结构与分布等人口构成要素的变化对它的影响。

我们提出了“人才红利”的概念。

传统的“人口红利”，是人口数量红利。“人才红利”是新型的“人口红利”，是人口质量红利。从基础教育的普及到高等教育的扩大，带来人口质量红利的兴起。受教育人口数量突飞猛进，劳动人口中大学生占比逐年上升。比较中美两国的平均受教育年限发现，中国人的受教育水平加速追赶美国。历史上成功的追赶案例中，经济增长的追赶均以人力资本的追赶为先导。

借鉴美国经验对比发现，在过去的中国，无论是高科技产业还是整体的科技发展，都缺乏重要的自主创新，主要原因就是缺乏专业的科研人员。中国近五年科研人员年平均增长率为20%，人口质量红利愈加明显。

随着经济全球化深入发展，人才全球化流动配置趋势进一步增强，人才国际化问题更加突出，发达国家利用各种手段吸引人才，引领产业发展趋向，使人才竞争日益激烈。

人才还是促进区域经济持续增长的引领力量。经济发展对人才总量的弹性系数为12.8，即人才总量每增长1%，拉动经济发展128%。世界银行通过对全球192个国家和地区的分类测算，提出了“国民财富新标准”。新标准指出，全世界人力资本、土地资本和货币资本三者的构成比例约为64∶20∶16，也就是人才资本是全球国民财富中最大的财富。1992年，诺贝尔奖获得者、美国经济学和社会学教授贝克尔提出，发达国家的资本75%以上是人才资本，而不是实物资本。

将能够创造效益的知识、技能、经验等人才资源，经过精心的开发和筹划，投入到经济活动中，形成主要推动力，是经济社会发展的第一动力。将人的作用从“人力”上升到“人才资源”“人才强国”战略高度，是人们认识上的一种飞跃，它不仅解释了一些物质资源匮乏的国家，如物质资源遭到战争严重破坏的日本、德国，一跃成为世界经济强国的原因，而且表明了“人才资源是最重要的资源”。

提高劳动力的质量，就是创造新型人口红利，人才红利是支撑未来数十年经济增长的关键。

## 二、以人才引领增长

经过30多年的持续快速增长，我国经济正在从要素驱动向创新驱动转型，我国参与国际竞争正在由“价格竞争”转向“价值竞争”，因而主要由人口质量决定的科技创新将成为我国未来经济发展的决定性因素。

人口红利拐点的出现，也说明了中国经济发展的要素支撑条件发生了变化，今后更加要依靠提高劳动者素质和科技创新来提高劳动生产率，以保持经济持续健康发展。

目前，劳动力短缺、工资成本上升最先冲击的是劳动密集型产业。所以，产业结构升级最迫切的是从劳动密集型向技术密集型转变，从依靠人力投入转向依靠创新，创造新型人口红利，探寻新的经济增长点。

相较于传统的人口红利，新型人口红利强调的是人的“质量”。说到人力资源的“质量”，则绕不开教育。

进入新世纪，我国城乡免费义务教育全面实现，职业教育快速发展，高等教育进入大众化阶段，农村教育得到加强，教育公平迈出重大步伐。可以说，无论是对教育的重视程度，还是受教育人口的数量和比重，都是空前的。

经过十几年的大力推进，国家在教育上的投入开始产生效应。教育的发展极大地提高了全民族素质，我国正在实现从人口大国向人力资源大国的转变。

2001 ~ 2015 年全国高校毕业生人数见图 2-3。

数据表明，我国高校毕业生人数从 2001 年的 114 万，涨至 2015 年的 749 万，15 年间上涨了 557%。在高等教育普及化的今天，大学生不再是稀缺资源。

教育水平提高带来的人力资本提升，将为我国经济持续增长提供高素质的动力源。人才引领增长，是一种绵延不断的经济增长方式，通过开发这一增长方式，足以保持经济增长的可持续性、创新性、开放性和包容性。

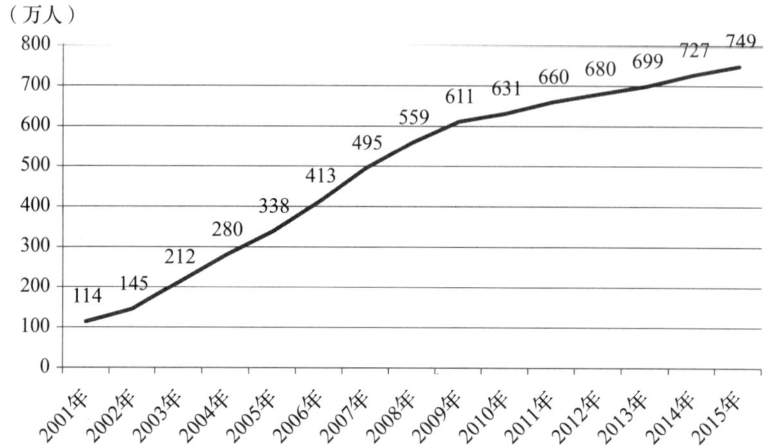


图 2-3　2001 ~ 2015 年全国高校毕业生人数

<table>
<tr><th colspan="6">人才创时代</th></tr>
<tr><th colspan="2">人才资源开发</th><th colspan="2">人才思维养成</th><th colspan="2">人才资本经营</th></tr>
<tr><td>目标</td><td>提高人的才能<br>增强人的活力、创造力</td><td>引领思维</td><td>人才是第一资源<br>所有问题都是人才问题<br>人才是核心动力</td><td rowspan="2">人才投资成本</td><td colspan="2">学习和教育的支出<br>保健和医疗的支出</td></tr>
<tr><td>手段</td><td>借助于教育培训、激发鼓励、科学管理等手段来进行</td><td>创造思维</td><td>活着就要改变世界<br>求真、务实、担当、利他</td><td colspan="2">人才流动的支出<br>移民入境的支出</td></tr>
<tr><td rowspan="2">形式</td><td rowspan="2">发掘、培养、发展和利用等一系列开发活动</td><td rowspan="4">杠杆思维</td><td rowspan="2">时间杠杆：<br>让有钱没有时间的人花钱买时间<br>让有时间没钱的人花时间来赚钱</td><td rowspan="4">人才资本管理</td><td>尊重人</td><td>尊重人的个性和人格</td></tr>
<tr><td>激活人</td><td>激活人的潜能和创造力</td></tr>
<tr><td rowspan="2">对象</td><td rowspan="2">人的智力、才能</td><td rowspan="2">人才杠杆：<br>不断复制人才，让有能力的人去帮助企业赚钱</td><td>解放人</td><td>解放人的欲望和束缚</td></tr>
<tr><td>成就人</td><td>成就人的目标和梦想</td></tr>
<tr><td rowspan="3">内容</td><td rowspan="3">人才资源，包括人的智慧、知识、经验、技能，以及创造性、积极性、创新和创业能力等</td><td>投资思维</td><td>人才是免费的<br>人才须长线持有<br>人才高回报、风险小</td><td rowspan="3">人才资本特征</td><td>回报高</td><td>人才投资有6倍增加值，而物质投资只有2倍</td></tr>
<tr><td rowspan="2">创新思维</td><td rowspan="2">思想家发现本质，发现真理，发现趋势<br>政治家选择道路，选择立场，选择接班<br>企业家创造新产品、新模式、新思想</td><td>风险小</td><td>投资少，只花费时间和精力，无负面效应</td></tr>
<tr><td>长收益</td><td>项目是今天，科技是明天，人才是后天</td></tr>
</table>

<table>
<tr><th colspan="3">人才资本效应</th></tr>
<tr><td rowspan="5">社会效应</td><td>人才个体</td><td>自我实现、社会交往、受人尊重、社会影响</td></tr>
<tr><td>家庭</td><td>家庭成就、受人尊重、家庭凝聚</td></tr>
<tr><td>社会</td><td>工作效率、认同政绩、社会观念、社会发展</td></tr>
<tr><td>学校</td><td>学校声誉、学校成就、学校发展</td></tr>
<tr><td>用人单位</td><td>单位声誉、单位地位、单位秩序</td></tr>
<tr><td rowspan="2">经济效应</td><td>人才个体</td><td>包括工资、奖金、福利等工资性收益，以及利润分享、股权、期权等分享性、创造性收益</td></tr>
<tr><td>用人单位</td><td>短期盈利、预测盈利</td></tr>
</table>

# 第二篇

# 颠覆：投资于人

# 第三章
# 大国增长的秘密

## 第一节　美国：超级大国的“再工业化”之路

美国占据经济霸主地位已超过 140 年，不但总量第一，而且质量优良，引领着时代的发展趋向。美国以高新技术产业为增长基础，以金融资本为增长动力，控制着世界重要资源的产出和流向，掌握着世界经济的游戏规则，制定着高科技的发展标准。

### 一、确保下一场制造业革命会在美国爆发

2012 年，在美国重要的汽车及运输设备产地俄亥俄州一个废弃仓库里，美国第一家聚焦制造业创新和研究的科研机构诞生，专攻 3D 打印技术。很多人相信，3D 打印技术的发展将会在制造业内形成一场革命。随后，奥巴马又宣布将再建造 3 个同类型的研发基地，且要求国会和白宫一道，努力在全美建造包含 15 个研发基地的研发网络，以“确保下一场制造业革命在美国爆发”。

3D 打印是美国政府“再工业化”战略的其中一环。20 世纪

后期，美国金融业突飞猛进，制造业大量外迁。次贷危机爆发彻底暴露了这种模式的弊端：资本市场为主体的虚拟经济占主导，重要制造业日趋空心化，经济系统稳定性受到严重威胁。2010年，美国政府正式启动“再工业化”，瞄准新一轮产业结构升级所带来的机遇，在新能源、信息、生物、航天、新材料、3D打印等高端制造业、新兴产业领域进行前沿技术创新的扶持，进行“互联网 + 工业”的新科技革命，其重点是大数据与云计算。

再工业化成效初现。

据统计，自2010年2月以来，制造业已为美国人创造了53万个就业岗位，实现连续31个月增长，创过去近25年以来最佳表现，其中多为高新尖端技术就业机会。美国总统自豪地宣布：“卡特彼勒公司正在把工作机会从日本迁回美国，福特正在把就业机会从墨西哥转回美国，苹果也将在美国本土重新开始生产Mac电脑。”

哈佛大学一项关于美国制造业的研究表明，1950年美国制造业占其GDP的比例为27%，为美国总就业做出31%的贡献。到2010年，这两个比例已分别下降至12%和9%。今天，制造业的比例已回升至15%，未来制造业就业机会将会随着大企业回迁而前景更加明朗。

## 二、持续两个世纪的人才战略

任何革命化的技术突破，都需要数以万计的人才支撑。19世纪初还是殖民地和农业国的美国，通过棉纺织业的大发展，通过北方铁路修建、重工业的起飞，到1880年，工业产值超过英、德两国，成为世界第一工业强国。1894 年，美国的工业产值相当于整个欧洲工业产值的一半。至今，美国仍在持续增长，其霸主地位无人能撼动。一个仅有 200 多年历史的国家，何以有如此能耐？

美国的持续增长、创新增长，一直是经济学家研究的重点。索洛分析了 1909 ~ 1949 年 30 年间美国经济增长数据，得出如下结论：劳动增量对经济增长贡献率为 37.9%，资本增量对经济增长贡献率为 11.1%，其余 51% 为科技进步对经济增长的贡献率。库尔分析了世界上主要工业化国家近 100 年的经济发展数据，其结果表明，科技进步对于经济增长的贡献率高达 87%。舒尔茨则认为应有 40% 来自于人力资本的作用。丹尼森通过研究 1929 ~ 1959 年美国科技政策所带来的经济绩效，认为美国经济增长的 22.9% 来自这一阶段美国教育发展的推动。莱迪亚通过对 1989 ~ 1999 年欧洲经济数据的研究，发现在充分的知识源支撑条件下，科技政策对经济绩效的影响是卓有成效的。理查德和山姆通过研究 1991 ~ 1999 年美国部分地区的数据发现，工程师与科技人才数量、地区精英劳动力指数和专利技术产出率、完整的社会结构层次划分呈现正相关……这近乎持续 100 年的研究有一个共同点，他们都认为科技和人才是美国经济持续增长的核心原因。

### （一）全球人才的高地

据统计，1999 年，在美国工业界工作的 1/3 的科学与工程博士是外国出生的，外国出生的计算机科学家的比率达 50%，工程师的比率超过 50%。自 1901 年诺贝尔奖诞生起至今的 800 多名获奖者中，来自美国的有 300 多位，占了近 40%。据 2014 年的统计数据显示，硅谷约 300 万人口中，亚裔人数超过 60 万。其中，近 60% 成年人的学历超过白人和美籍西班牙人等，拥有大学以上的高学历。据美国国家科学基金会统计，约 25% 的外国留学生学成后定居美国，被纳入美国国家人才库；在美国科学院的院士中，外来人士约占 1/5；在美籍诺贝尔奖获得者中，有 1/3 出生在国外。美国一直以开放的移民体系和包容的多元文化吸引世界优秀人才。

1. 利用战争机遇引进创新型人才

第一次世界大战后，美国采取了敞开大门迎接欧洲技术人才移民的政策，其中接收了著名物理学家爱因斯坦、航天工业专家冯·卡门、核物理学家费米等科学家。第二次世界大战后期，美国精心部署并执行“阿尔索斯”计划，派出数千名随军技术人员前往德国物色人才。1991 年苏联解体后，美国和日本又趁机挖走了苏联各加盟共和国的 9 万多名科技专家。

2. 通过移民政策吸引创新型人才

1952 年的移民法是战后美国第一个吸引技术移民的重要法律。1965 年，移民法的修订使得移民者的素质普遍提高。1990 年的移民法体现了美国对科技人才的高度重视，对技术类移民的优先权做了明确分配。2006 年 6 月 6 日，联合国发布《世界移民报告》称：2005 年，全球移民人数达到 1.9 亿人，在这近 2 亿的全球移民中，其中近 1/5 的移民流入了美国。

除此之外，美国还设立了各种国家奖励项目。美国国家科学基金会设立了许多荣誉奖励，如“总统青年科学家奖”“总统工程创造奖”“国家技术奖”等，获奖者可拿到高达50万美元的奖金，但规定凡获得上述奖项者，必须是美国公民或持有“绿卡”者。如获奖候选人是外籍学者，基金会会主动帮助其办理“绿卡”或“入籍”手续。

3. 利用非移民签证引进人才

美国目前涉及科技人才和教育人才流动的签证是工作类签证，即H-1B、L1、O1、TN，以及学生和交换类签证F1、J1。在这些签证持有者中蕴涵着巨大的创新型人才资源，尽管签证持有者只能暂时居住在美国，但却是日后获得在美国永久居住权及美国公民身份的潜在人群。目前至少有约150万以上H-1B持有者在美国工作，他们是美国技术人才队伍的重要组成部分。

4. 吸引大量的留学生来美留学

美国设立多种奖助学金为留学生提供资助，每年美国对外国留学生投资多达25亿美元。留学生在美国高校毕业后，这些人很多成为美国科技界的中坚骨干力量。自20世纪80年代末期以来，清华大学毕业的科学与工程人才80%被吸引到美国，北京大学工科毕业的学生76%被吸引到美国，在美毕业的中国博士生85%留在了美国。

（二）没有斯坦福，就没有硅谷

美国历来把做强教育作为实现战略意图的保障，重视一流人才培养。1981年以来，美国大学获诺贝尔奖人数占世界大学获此奖总人数的 77%。

从素质教育阶段一直持续到高等教育阶段，根据人才的成长规律和成长阶段，美国实行了高效的、有针对性的开发教育策略。

研究型大学是美国国家创新体系甚至世界知识创新体系的核心，是知识生产的源头。1993 ~ 1996 年世界诺贝尔物理学奖、化学奖、生理学或医学奖、经济学奖等 35 名获得者中，有 23 名来自美国的研究型大学，约占获奖者总数的 66%；1995 ~ 1996 年 16 名美国国家科学奖获得者中，有 14 名来自研究型大学，约占获奖者总数的 88%。据 1993 年的统计显示，研究型大学授予了全美国 80% 的博士学位、40% 的硕士学位、30% 的学士学位。

1930 年，德国科学家冯·卡门来到美国，进入加州理工学院，带了一批研究生，进而带动了整个美国的航空工业，使其集中在加利福尼亚州的南部——洛杉矶地区。

1940 年，斯坦福大学副校长特曼洞悉了世界变化发展的新趋势，认为一个地区经济的繁荣将取决于教育和科研的兴旺，于是决定建立科学园，动员电机工程系的研究生制造仪器，开发公司，最终形成了今天的硅谷。

### （三）最有力的人才保障

联邦政府重视人才开发，对科研、教育方面的投入是巨大的、持续加强的。1993 年，美国的 R&D 投入为 1 658.49 亿美元，1999 年为 2 470 亿美元，到 2000 年，研发投入量在经济合作与发展组织（OECD）成员国中占 44%，是第二位日本的 3

倍。奥巴马政府上台后将2009财年研发预算增加到1 471亿美元，将7 870亿美元经济刺激计划中的约1 200亿美元投向科技领域，并宣布将把美国GDP的3%投入研究和创新。

对教育的投入更是如此。1990年，美国教育开支达到3 530亿美元，占GDP的6.8%，首次超过军费开支。此后，美国的教育经费投入一直维持在GDP总量7% ~ 10%的水平上，成为世界上教育经费支出最多的国家。

美国政府的税收激励政策，对支持基础性科学研究起了很大作用。1986年美国制定的《国内税收法》规定，一切商业性公司和机构，如果其从事研发活动的经费同以前相比有所增加的话，则该公司或机构即可获得相当于新增值20%的退税。

美国对创新环境的营造力度是世界上绝无仅有的。美国大学教授协会于1915年成立，并发布了关于学术自由和终身聘任制的原则声明，明确提出保护学术自由的原则。在美国，有一套完整的知识产权法律体系，对知识产权在全球范围内实施保护，推动产业技术创新和科研成果产业化。

## 三、创业家的美国梦

从工业化到信息化，从知识经济到共享经济，美国的企业发挥着新经济发展主力军作用，企业家在推动着增长的革命。可以说，美国强大的经济增长，催生与依托于一大批企业，依托于大批优秀的企业家和强大的企业家精神。德鲁克曾经指出，美国经济发展主要来源于创业者的企业家精神。

美国具有深厚的创业精神土壤，从西进运动开始就奠定了美利坚是一个敢于冒险、敢于创业的国度。有研究显示，美国 18 ~ 24 岁的青年人，创业率居发达国家首位。美国科技研发领域，约有 75% 的科技创新项目由企业主导完成，77% 的科研人员分布在企业，企业的科研经费占据美国科研经费总量的 71%。在美国，中小企业占有相当大的比重，约占企业总数的 99.7%，占所有企业收入的 40%，在整个经济发展中起着重要的作用。

谷歌、Facebook、微软等企业发展迅速，为美国创造着巨大的财富。这些企业都是支撑美国持续快速发展的“脊梁”。美国《商业周刊》评选出来的 2010 年度“全球最具创新力企业 50 强”，微软、苹果和谷歌位列三甲。曾执掌社交牛耳的谷歌，构建了以搜索为主的网络帝国。谷歌由建立互联网搜索引擎起家，最终研发出谷歌电邮、谷歌地球、谷歌翻译、谷歌新闻、谷歌桌面、谷歌社交网站、谷歌手机等一系列产品，市值已经高达近万亿美元。

美国创新企业的发展有集聚的特征和优势，形成了高新技术的园区化发展模式。迅速崛起的以硅谷、波士顿 128 号公路、北卡三角园（北卡罗来纳州的三角科技园）为代表的高科技园区，成为“实体经济”和“虚拟经济”的交汇点。

拥有大量人才，大学科研、国家军事订单和风险资本非常活跃，这些正是迅速崛起的美国科技园重要的相似之处。在这些功能区域里，起初以斯坦福、伯克利和加州理工等世界著名大学为依托，创办的微型高技术公司，经过数年发展后，很多已成长为世界 500 强企业。比如，从硅谷走出的思科、英特尔、惠普、苹果、谷歌等。可以看到，20 世纪 90 年代，这些在世界著名大学“生根”、在科技园区“发芽”、在资本市场“成长”的高新技术企业，成为活跃美国经济的重要引擎。

在美国硅谷有着“活着就是为了工作”的生活观，美国的企业家信奉：活着就是为了改变这个世界，改变一个时代。创新、竞争、冒险、奉献的企业家精神孕育了股神巴菲特仅 2012 年一年就捐了 30.9 亿美元和全球首善比尔·盖茨曾经捐款 280 亿美元的奇迹。

正是这种自由、竞争、开放的意识，崇尚平等自由的文化，吸引了众多慕名者去这片土地实现自己开创事业的梦想。

## 第二节 德国：曾经是粗制滥造的代名词?

说起“德国制造”，我们立刻会想到西门子、奔驰、宝马、汉高、阿迪达斯等诸多品牌，“德国制造”是享誉全球的高品质产品的代名词。然而，我们都忘了，德国制造业曾背负着一段屈辱。

1887 年 8 月，全球工业霸主英国其议会通过了对《商标法》的修改，规定所有从德国出口到英国或其殖民地的产品都须注明“德国制造”，以区分产品优劣。“德国制造”实际上是粗制滥造的代名词。

然而经过 100 多年的发展，至今“德国制造”却成了质量和信誉的代名词。德国位处欧洲中部，既无地缘优势，也无资源禀赋，却能在 100 余年的时间里数度崛起，成为世界强国，并在

21 世纪金融危机中一枝独秀，是什么改变了这一切呢？

## 一、双轨制教育，培养“工匠”

众所周知，“德国制造”的优势在于它的质量、它解决问题的专有技术、它优秀的售后服务。德国企业发展的产品一般都是具有世界领先水平、高难度、别国一时无法制造出来的产品。德国 30% 以上的出口产品，在国际市场上都是没有竞争对手的独家产品。德国人生产的工业制造品，大到挖地铁的掘进机，小到文秘工作中的订书机，从质量上讲都是世界第一。

这种精益求精的精神来自德国的“双轨制”教育。

自 19 世纪德国教育学家洪堡提出教学与科研相结合的教育大纲后，德国涌现出一批影响延续至今的科学家、哲学家、社会学家和人文学者。教育使得德国国民科学文化水平普遍提高，文盲率降低到欧美各国的最低水平，还培养出一大批像西门子那样的集企业家、科学家和工程师于一身的优秀人才，获得了发电机、电炉、煤气发动机、电车、合成染料等一系列重大发明，一度使德国成为世界科技中心。

德国的教育具有明显的“双轨制”特色，即职业教育的整个过程都在学校与企业或工厂的合作中进行，这种半学半工体制使得德国的企业工人在所在领域素质很高，并且不断进步与提升，同时使得学生具备超强的动手能力和丰富的实践经验。这种形式的教育使德国精益求精的精神得以传承与发扬。

通过大规模、系统化的“双轨制”职业教育体系，德国创造了质量型的人口红利优势，培养了庞大的高素质熟练技术工人队伍和工程师队伍。双轨制职业教育即由学校和企业联合培养，培训中将理论学习和实际操作相结合，培训结束后通过考试即成为工业、商业和手工业需要的合格技工。职业教育制度是德国制造业产品质量优良的根本保证。

创新学习是一种科学育人的理念。德国政府对学校采取不干涉的政策，每所学校在教育创新方面都具有很大的空间，它们可以根据学生的实际情况设定自身的培养目标与教学方针。

德国一贯重视学生想象力和创造力的培养。德国双轨制教育模式将主要培养目标设定为培养学生的关键能力，以适应未来社会发展和终身教育的需要。学校的主要任务不仅是解决学生知识上的疑难，还要给学生创造运用知识、解决问题的机会和环境，为学生能够快速融入社会打下良好的基础。

德国政府认为，传统的中小学课程更为偏重传统专业知识的传授，无法跟上日益变化的时代与创新的核心理念。因此，双轨制教育模式对学生的知识结构进行了大规模的调整，加大培养基础性、关键性技能的相关课程数量，增添有关科学价值教育的课程，使学生能够形成现代化的职业素质。

工业化初期，德国一方面积极引进英国先进技术，另一方面努力发展教育，以尽快提高国民文化素质，赶超世界科技先进水平。早在 18 世纪末期，德国就确立了所有 6 ~ 13 周岁的儿童都应该接受普通教育的原则。1825 年，普鲁士实行义务教育制度，到 19 世纪 60 年代学龄儿童入学率达到 97.5%，基本实现了普及教育。与此同时，各邦（州）政府还兴办了多种中等专业技术学校和职工补习学校。在普通中学中，增设了自然科学课程；在高等学校中，贯彻教育、科研与生产相结合，基础研究和应用研究相结合的方针。

可以说，德国大学的教育体制，为培养新型人才和社会精英，营造了良好的生存和发展环境。20 世纪以后，德国大学把直接为社会服务的职能引进学校，大学开始全面介入社会政治、经济、文化的发展，成为多功能的场所。

德国教育界人士一直认为，优秀人才应该是一种制度文明的产物，而不是急功近利的政策所能催化出来的。

## 二、没有物美价廉

1993 年，在一次记者招待会上，一位记者质疑西门子的企业价值观为什么不是利润。西门子公司中最后一位西门子家族成员彼得·冯·西门子回答说："我们德国人有自己的经济学。我们德国人的经济学就追求两点：第一，生产过程的和谐与安全；第二，高科技产品的实用性。这才是企业生产的灵魂，而不是什么利润最大化。企业运作不仅仅是为了经济利益，事实上，遵守企业道德、精益求精制造产品，是我们德国企业与生俱来的天职和义务！"

坚持专注、精益求精已经融入德国的文化之中。德国制造具有安全可靠、精良制造的美名，体现着德国人专注、踏实可靠的民族文化及对产品质量精益求精的追求。德国制造业者可几十年、几百年专注于某一产品领域，力求在此领域做到最强。德国很多中小企业为百年老店，占据着细分行业 50% 甚至 90% 的市场份额。德国企业非常重视产品质量，强烈的质量意识已成为企业文化的核心内容，并深深植根于广大员工心目之中。如大众公司在企业中树立精益求精的质量理念，西门子公司“以新取胜，以质取胜”的理念使其立于不败之地。

德国一直坚持制造业立国。在1830年开始工业革命之际，即确立了制造业在国家经济中的核心地位。100多年来，无论是战争、战后重建，还是应对全球经济危机，德国制造业始终是国家振兴的中流砥柱。即使是在西方其他国家竞相发展金融创新时，德国仍将主要精力放在制造业的产品质量与技术水平的提高上，使德国具备了抵御金融危机冲击的坚实产业基础。

德国的增长，注重制造业的质量，坚持质量为先。德国产品质量享誉世界，成为其保持强劲国际竞争力的保障。德国提升制造业产品质量的做法包括：建立完备的法律法规、标准、认证等制度体系；形成产品质量事前管理、事中监控、事后处理的一整套程序；建立严格的产品质量监管体系，通过企业自我检测、独立中介机构检验检测、政府检验检测层层把关；建立配套的标准、检测、认证中介服务体系，提供公平、公正的服务等。

工业化时代，行业标准就是制空权。对质量的坚持，使德国工业标准成为典范。截至1998年年底，德国标准化学会共制定发布了2.5万个标准，每年大约制定1 500个标准，其中80%以上已为欧洲各国所采用。

德国政府和企业界对自身的比较优势有较清醒的认识，在研发、创新方面始终处于高水平，在长期发展过程中形成了较完备的、鼓励创新的法律环境，通过知识产权保护制度等为企业的创新提供激励和必要的约束。研发投入占国内产值的2.5%，企业研发投入中近95%来自制造业，其中研发投入最多的正是德国国际竞争力最强的领域。65% 的中小企业参与研发活动，40% 的中小企业有专门的研发部门，比例均为欧洲最高。积极促进大学、科研院所与企业合作，使技术创新向产业转化。

如今，德国又进入了新一轮的工业化改革，“工业 4.0”战略是德国“国家高科技战略”的一部分。2006 年和 2010 年，德国政府分别提出了《德国高科技战略 2006 ~ 2009》和《德国高科技战略 2020》两个全国性的高科技政策，旨在提高高科技领域的竞争力；2011 年，德国发布政府报告《未来图景“工业 4.0”》。

德国制造将继续引领行业标准。

## 第三节　日本：全球瞩目的诺贝尔现象

2016 年 10 月 3 日傍晚，2016 年诺贝尔生理学或医学奖揭晓，日本东京工业大学名誉教授大隅良典（Yoshinori Ohsumi）因“发现了细胞自噬机制”而独享这一殊荣。至此，日本已有 23 人荣获诺贝尔自然科学奖（含两名日裔美籍物理学奖得主）。

第二次世界大战结束之初，驻日盟军司令部技术顾问、美国著名学者 E. A. 阿克曼博士在对日本经过实地考察和研究后曾预言：今后 30 年中，如果日本人口只达 1 亿左右，而且外国能始终向它提供有关的资金援助，那么根据它的自然资源条件，日本将有可能恢复到战前 1930 ~ 1934 年的生活水平；在没有海外援助的情况下，将只能逐渐沿着仅仅可以维持生存的水平发展。

然而战后日本发展的历史进程并没有如阿克曼所料，不仅出现了经济发展的日本奇迹，甚至于 20 世纪 90 年代中期成为仅次于美国的世界第二经济强国，随后虽然经济发展持续疲软，但一直是世界最为强劲的经济体。而且在科学、教育领域还培养了大批杰出的创新人才，取得了大批重要的科学发展和技术发明成果。

从汤川秀树 1949 年首获诺贝尔物理学奖后，到 2016 年日本大学已经培养了 26 位诺贝尔奖获得者，其中自然科学领域有 23 位科学家获奖。尤为突出的是，日本在迈入 21 世纪的最初 16 年里，平均每年获得 1 枚诺贝尔自然科学奖奖牌，将过去的诺贝尔奖强国——英国、德国、法国远远甩在身后，其独有的诺贝尔奖井喷现象令国际社会惊叹不已。

这个奇迹来自哪里？

## 一、一次成功的教育改革

1947 年，日本政府颁布了《教育基本法》，对教育理念、学校制度、课程教学等多方面进行改革。明治维新之后的国家主义和军国主义教育被和平主义和民主主义教育取代。教科书中多了包含尊重人权与个性、世界合作与和谐的国际知名文学作品，少了孝道忠诚、个人必须服从国家的道德规范。这被认为是日本政府的第二次教育改革。

为了使大学培养出能够为社会所用的人才，日本中央教育审议会先后就义务教育、医学教育、特殊教育、私立学校教育、教科书制度、短期大学制度、教师培养制度等诸多问题向文部省提出了多份咨询报告。

1963 年 1 月，中央教育审查会议向文部省提出了“关于改善大学教育”的咨询报告。这份报告提出扩大教育规模、增设理科类的高等教育机构、充分保障大学的财政状况等建议。以此为起点，日本大学教育开始了高速发展。

大学教育在20世纪60年代中期开始大众化。大学数量大幅增加，1960 ~ 1970年间，日本高等教育机构的总数从525所增加到921所，增加了75%。大学生数量大幅增加，1970年的在校生数量为168.5万，而10年前这一数据仅为71万。广泛普遍的高等教育为大幅度提高公民科学素养奠定了基础。

日本大学的学科结构也发生了显著变化。战后经济的高速增长加大了对理工类人才的需求，工程类学生的比例从1960年的15.4%上升到1970年的21.1%，人文学科类学生的比例则从1960年的15.4%下降到1970年的12.7%。

教育经费的增长也成为这一时期的一个明显特征。日本教育经费占国民收入的比例从20世纪60年代起一直处于上升趋势，到1977年这一比例已经达到8.02%。同时，高等教育经费占教育经费的比例也稳步上升，从1960年的13.4%上升到了1970年的16.9%，中间有些年份甚至超过了18%。

第二次教育改革是卓有成效的。

日本的大学教师获得了更多研究自由，以及稳定的经费支撑，学生有了更多参与科学研究的机会和科学研究训练，这也是日本诺贝尔奖集中于几个大学的原因之一。根据汤森路透的数据，1982年日本在5个科学领域中发表的论文数量为12 534篇，仅次于发表数量为33 744篇的美国，位列世界第二，而当年世界总论文发表数量仅为121 739篇。

教育改革带来的科技发展，以及培养出的大批高质量的专门人才，特别是理工科人才，让日本经济从20世纪60年代开始进入高速增长期，历经10余年一跃成为世界经济强国。

## 二、活跃的产学研合作

“中京工业地带”是世界知名的汽车工业都市圈，由名古屋市与丰田市等城市一起形成。名古屋大学便坐落于其中。

1990年，名古屋大学便设立了和企业合作的“共同研究中心”，研究室和研究器材与企业共同使用，积极推进了产学研合作。2011年诺贝尔化学奖得主野依良治是开展产学合作研究的一个典范。他非常重视国家之间、学术界和产业界之间的交流合作。“虽然日本当时在许多领域已经具有比较高的论文引用频率，但是产生强烈影响的研究并不多，因此，需要借助产业界来使研究成果走向应用，以扩大研究成果在社会上的影响。这就要求大学高度重视产学合作。”在此种理念之下，野依良治和高砂香料工业、帝人株式会社等产业界合作伙伴开展协同创新，最终在不对称合成反应领域取得了重大科技突破。

名古屋大学渡边副校长在接受采访时公开表示，“名古屋大学所在的制造业发达的名古屋地区，有丰田汽车等集团，应该说名古屋大学的工学和产业界联系最为密切，开展产学研合作是一个重要内容。”

在高等教育经费受限，日美“技术摩擦”加剧的情况下，产学研合作在日本受到了高度的重视，东京大学、京都大学、北海道大学、东北大学等日本国立大学也都建立了产学合作研究机构，开展合作研究。譬如，东京大学小柴昌俊主持的神冈探测器项目就离不开企业的大力支持；田中耕一获奖更表明日本的企业通过开展产学研合作已具备了做出诺贝尔奖级科技突破的实力。

产学研合作让日本的学界和产业界实现互惠双赢，大幅度地提升了大学和企业科技创新的能力。

## 三、科研经费投入持续增长

1960年，日本在制订“国民收入倍增计划”的同时，还制定了与此目标相呼应的“振兴科学技术的综合基本政策”，提出要力争将国民收入的2%用于科研。这个2%的目标进入20世纪70年代后不久即告达成，而我国2015年科研与发展经费投入也达到2.07%。日本20世纪70年代初的研发投入强度就接近我国今天的水准。

日本经济高速增长期研发费投入占国民收入及GNP之比见图3-1。

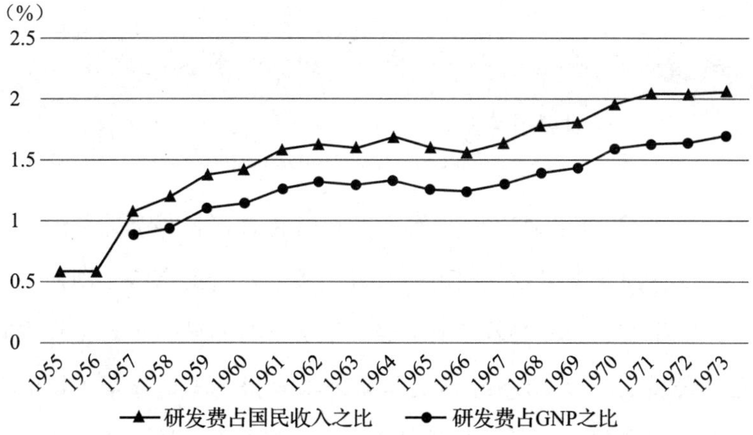


图3-1　日本经济高速增长期研发费投入占国民收入及GNP之比

资料来源：news.sina.com.cn/pl/2016-10-05/doc-ifxwkzyh4231591.shtml。

尽管20世纪70年代两次石油危机对世界经济造成很大的冲击，但到1975年，日本的研发经费总额还是达到2.62万亿日元，占国民收入的2.11%，超过了法、英两国的研发经费总额，步入科技大国的行列。

主要国家研发费投入占国内生产总值之比的推移见图3-2。

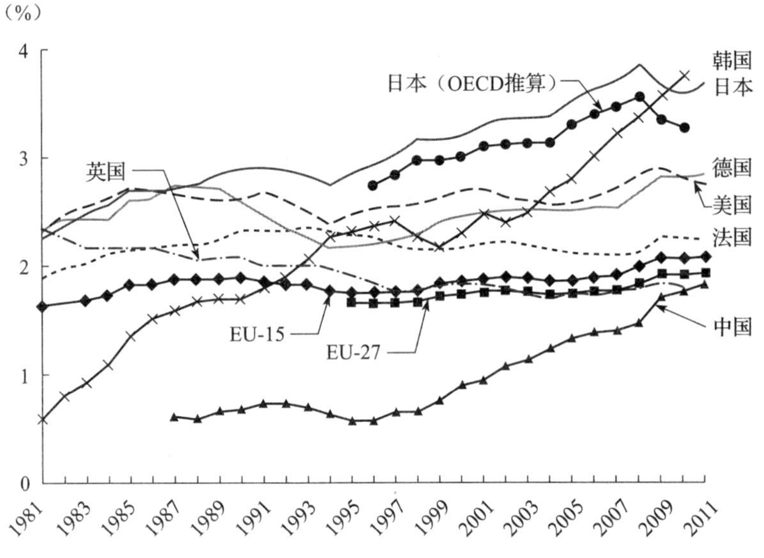


图3-2　主要国家研发费投入占国内生产总值之比的推移

资料来源：news.sina.com.cn/pl/2016-10-05/doc-ifxwkzyh4231591.shtml。

而在20世纪最后的20年里，除去泡沫经济破裂之初的三四年，日本的研发费投入强度一直处于不断攀升的态势。即使在泡沫经济崩溃之后面对着严峻的经济形势，日本政府也丝毫没有降低科研投入。以2015年诺贝尔物理学奖得主梶田隆章主持的超级神冈探测器为例，该探测器始建于1991年，耗资约104亿日元。2000年以后的日本诺贝尔奖得主的获奖研究成果大都是在

20 世纪七八十年代前后取得的。这一时期，日本研发费投入占国民收入之比提高到 2%，并且以每年 10% ~ 20% 的增幅迅速增长。

## 四、“50 年 30 个诺贝尔奖”计划

1995 年，日本国会通过了一个影响深远的重要法律——《科学技术基本法》，这个效力“介于宪法和专门法之间”的法律明确提出了“科学技术创造立国”的口号，并将其作为基本国策。1996 年，日本内阁依据上述基本法制订了一个为期五年的“科学技术基本计划”；2001 年 3 月，又推出了第二个“科学技术基本计划”，明确提出日本在 21 世纪前 50 年里获得 30 个诺贝尔奖的目标。在当年 10 月日本科学家野依良志获得诺贝尔化学奖后，日本重申了这一目标，并在瑞典卡罗林斯卡医学院内设立了“研究联络中心”。

50 年 30 个诺贝尔奖目标的提出，遭到了包括诺贝尔奖基金委员的质疑。不管这一计划究竟带有多少功利的目的，可以确定的是，日本的全社会研发经费投入强度仍然在 3% 以上，明显高于美、德、法等国。日本政府仍然十分重视本国的科研能力和创新能力。

在过去的 16 年里，这个计划展示了惊人的完成度，在不到 1/3 的时间里就完成了一半的进度。

# 第四章
# 中国人才供给侧

2015年以来，受重工业转型拖累、人口红利减退、市场需求疲软等因素影响，黑龙江、吉林和辽宁的名义GDP增长率分别为-0.29%、3.41%和0.26%，已近乎“硬着陆”。东北三省经济集体下滑，GDP排名和增速几乎可以用一个“惨”字来形容。

2015年以来，在全国经济下行压力加大的背景下，深圳却呈现出经济“逆势增长”的态势：全年实现GDP 1.75万亿元，同比增长高达8.9%，多项经济指标全国第一。

东北三省和深圳是中国经济发展的两个缩影。这两种发展结果背后是什么因素在起决定性作用呢？我们能从中得到哪些启示呢？

## 第一节　新常态的远虑和近忧

2016年10月4日，国际货币基金组织IMF发布最新《世界经济展望报告》。报告预测，中国作为世界第二大经济体，经济增速预计在2016年达到6.6%，2017年则从2015年的6.9%

降至 6.2%。IMF 表示："中国的政策制定者将继续使经济摆脱对投资的依赖，并向消费和服务导向转型，预计短期内增长放缓是在为一个更可持续的长期增长打基础。"

IMF 的预测是目前中国经济发展的一个事实，即经济发展新常态。

2014 年 11 月 9 日，习近平同志在亚太经合组织工商领导人峰会开幕式上的演讲中指出，中国经济呈现出新常态。

新常态的提出，意味着要摆脱旧常态。在一段时间内，我国经济增长速度偏高、偏热，经济增长不可持续等因素积累，并带来环境污染加剧、社会矛盾增加以及国家压力变大等诸多挑战。官方将这种挑战形容为"三期叠加"：增长速度进入换挡期，结构调整面临阵痛期，前期刺激政策进入消化期。

与旧常态相比，新常态包含三个发展趋势：一是从高速增长转为中高速增长；二是经济结构不断优化升级，第三产业、消费需求逐步成为主体，城乡区域差距逐步缩小，居民收入占比上升，发展成果惠及更广大民众；三是从要素驱动、投资驱动转向创新驱动。

那么，经济发展进入新常态意味着什么？

## 一、投资驱动日渐艰难

在国际金融危机之前，出口是拉动中国经济增长的一驾举足轻重的马车。以 2007 年为例，GDP 增长率为 14.2%，三大需求对 GDP 的贡献率和拉动分别为：消费贡献率 39.6%，拉动 5.62 个百分点；资本形成总额贡献率 42.4%，拉动 6.02 个百分点；

净出口贡献率 18.0%，拉动 2.56 个百分点。

2008 年全球性的金融危机爆发，导致中国外需骤减，这驾马车失灵，巨大投资形成的过剩产能使中国经济遭受重创。2009 年，政府出台了 4 万亿救市方案。海量投资暂缓了经济下行的压力，但结构失衡却因“强刺激”而更加严重。2009 年，资本形成总额对 GDP 增长的贡献率高达 87.6%，堪称世界奇观。

尽管从 2009 年之后，政府一直致力于转变这种发展模式，也取得了一定的进展，但依然未彻底扭转这种现象。目前投资驱动在我国经济增长驱动力中仍占据重要地位。据国家统计局公布数据计算表明，自 2008 年来全社会固定资产投资总额占 GDP 的比值总体呈现上升趋势，平均值达 70.1%，在 2015 年甚至高达 81.5%（见图 4-1）。投资增长率虽然有所回落，但一直远高于经济增长速度。

全社会固定资产投资额 / 国内生产总值走势见图 4-1。

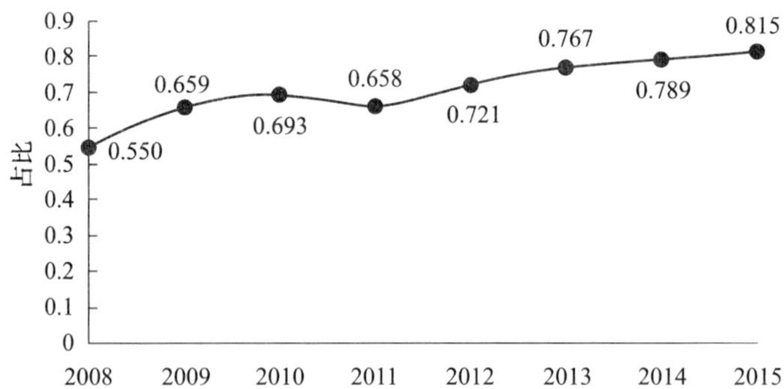


图 4-1　全社会固定资产投资额 / 国内生产总值走势

但是近年来，高投资对高增长的贡献却持续下降（见图 4-2）。

特别是近 5 年来，投资效果系数逐年降低，到 2015 年投资效果系数仅为 7.4%，即每投资 1 亿元的固定资产，GDP 只增加 0.074 亿元。

全社会固定资产投资额 / 国内生产总值走势见图 4-2。

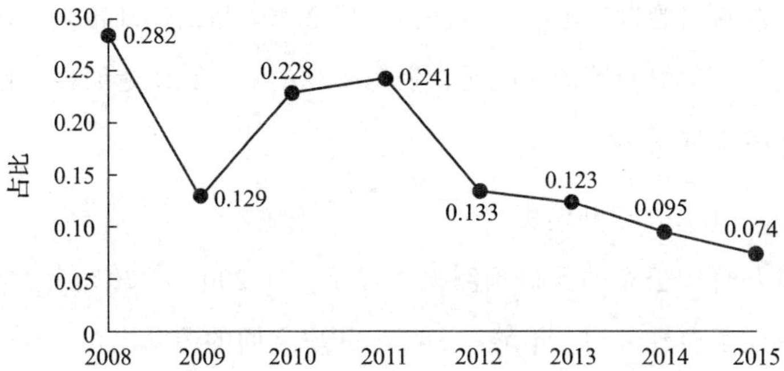


图 4-2　全社会固定资产投资额 / 国内生产总值走势

“比如，今年某省 8 000 亿元增长里有 1 000 亿元是无效的或者是破坏性的，明年要保持同样的增长速度，至少要补上这 1 000 亿元。如果你想增长速度稍微提高一点，你还得要增加投资，这样就造成了投资的不断增长。”在谈及依靠投资拉动经济增长时，已故著名经济学家成思危用了一个形象的比喻，“过度追求投资拉动 GDP，弄不好就像抽鸦片。”

投资规模增大的同时，生产效率却在降低，高投入、低效益的问题给我国经济增加了一项巨大的挑战。如今，社会基础设施建设基本实现、社会生产能力较多过剩、出口国外需求不断萎缩，在这种形势下已经无法依靠投资拉动经济增长支撑我国向高收入国家迈进。转变投资驱动经济增长方式，寻找新的经济增长驱动力成为唯一出路。

## 二、资源驱动难以为继

统计表明，1978 ~ 2014 年间，我国 GDP 从初始的 3 645.2 亿元上升至 676 708 亿元，增长了 175 倍多。人均 GDP 也从初始的 381 元上升至 5.2 万元。劳动、资源、土地等要素资源投入让我国跃居为世界第一大经济体。但资源大量消耗却带来了环境污染、资源浪费等诸多问题，资源驱动的短板越来越明显，经济发展越来越受制约。

### （一）人口红利消失

联合国公布的人口预测报告显示，在 2005 ~ 2030 年之间，我国老龄劳动人口（年龄在 50 ~ 64 岁之间的劳动人口）数量将会有约 70% 的增长，而同时年轻劳动人口（年龄在 15 ~ 29 岁之间的劳动人口）数量将会有约 20% 的减少，这一报告显示低成本劳动力无限供给的状况将不复存在，随之而来的是劳动力成本的逐年攀升和劳动人口的持续减少。

在过去的 30 年里，劳动要素接近于无限供给，极低的劳动力成本和高额的资本收益，让这种以高投资拉动经济增长的方式成为自然选择。劳动密集型产业依靠大量的廉价劳动力得到充分发展。这种模式支撑了我国改革开放以来的高速经济增长。然而，2004 年部分工厂开始出现招工难，2009 年之后，用工荒在沿海地区已经非常普遍。中国的刘易斯拐点悄悄到来。2010 年，劳动年龄人口到达峰值之后开始减少，2012 年一年减少了 345 万。随着人口结构的变化，人口因素对中国经济增长做出的贡献越来越小，现在甚至为负值。中国的人口红利消失已经成为一个公认的事实。而与人口红利的逐渐减弱和消失相伴而来的是劳动力资源的稀缺和劳动力成本的增加。

### （二）自然资源拥有量趋减

从人均拥有量角度来说，我国煤炭和人力资源人均拥有量相当于世界平均水平的1/2，但石油、天然气等能源的人均所有量仅为世界平均水平的1/5，铜和铝的人均储量仅相当于世界人均水平的1/4和1/10。资源贫瘠，显而易见。

在我国快速崛起的这30多年间，一方面是资源的储量稀缺，另一方面是资源的大肆开发、低效利用和浪费。有学者表示，如果把环境污染、资源浪费等因素剔除，我国于2009～2011年期间的实际经济增长率可能不高于5%。

1993年，奥蒂提出了著名的“资源诅咒”假说：①当今社会，自然资源已不是推动经济发展的重要因素；②过度依赖自然资源会成为经济发展的诅咒；③一些自然资源丰富的国家，其经济发展相对落后，而一些自然资源相对贫乏的国家或地区经济却相对发达。如资源相对稀缺的欧洲和亚洲的日本、亚洲四小龙（中国台湾、中国香港、韩国、新加坡），这些国家或地区经济早已步入发达国家阶段；而自然资源相对丰富的非洲、拉丁美洲，其经济则相对落后许多。

过度依赖油气资源的俄罗斯尝尽了“资源诅咒”的苦头，一直在谋求新的发展方式。依赖大量投资，对自然资源掠夺式地开发利用实现经济增长的方式再也无法继续了。

### （三）土地贡献将受限

土地资源转让在我国之前粗放式经济增长模式中占有比较

重要的位置，财政部门的统计数据显示，部分地方国有土地出让使用权收入可达地方财政收入的50%以上，更有甚者高达80%，有严重的“土地财政依赖症”。《我国23个省份“土地财政依赖度”排名报告》显示，政府过度依赖土地财政致使实体经济被边缘化，让社会资源的利用效率大幅度下降，制约经济可持续发展。

土地资源的不合理配置，还直接导致当前我国土地资源紧张，面临18亿亩[㊀]耕地红线，土地财政发展方式将受到极大制约。没地可用时经济怎么发展，这是不得不考虑的问题。

总之，经济增长过分依靠要素资源驱动，会使不可持续的要素供给反噬经济增长。由于老龄社会到来、人口红利消失、不可再生资源减少、自然环境破坏以及土地财政收入危机等因素，要素驱动型经济发展模式必然会终结。一种新的经济发展模式亟待出现。

## 第二节　人才依旧是第一资源

2016年1～9月，深圳供应人才住房2.2万余套，惠及普通人才及家庭成员6.8万余人。7月，深圳市委市政府印发《关于完善人才住房制度的若干措施》，释放出“十三五”期间筹建人才住房30万套的好消息。10月9日，深圳市人才安居集团正式成立，由市政府出资300亿元，后续将再追加700亿元投入；同日，深圳新引进的5名全职院士各获得一套200平方米的免租

㊀ 1亩≈666.667平方米。

住房。

深圳近年来推出一系列人才引进政策，在全球大力引进具有开阔视野的杰出人才、高层次人才和团队、高层次创新创业预备项目团队，为城市科技创新汇入了新的理念。人才引进的效果是立竿见影的，2015 年深圳平均每天有 46 件发明专利，PCT 国际专利申请量占全国一半，形成了特有的“深圳速度”。

## 一、经济增长之谜

深圳模式是人才推动经济发展的一个模板。在知识经济时代，作为知识载体的人才是最重要、最宝贵的资本，成为经济发展的必要先决条件和关键因素。然而，人才作为经济发展的第一资源经历了漫长的认识过程。

第二次世界大战后的 20 年里，一些在战争中遭受巨大损伤的国家，如德国和日本奇迹般地迅速恢复和发展起来。同时，另一些资源条件很差的国家和地区，如丹麦、瑞士和亚洲“四小龙”同样在经济方面取得了巨大的成功。这一现象引起了经济学家们的注意，他们在进行了大量的统计资料分析之后，“意外地”发现这些国家和地区经济发展有一个共同的特点：国民收入增长远远大于所投入的土地、物质资本和劳动等资源总量，即产出总量增长速度比要素投入总量的增长速度快。

“收入”与“投入”之间产生“增长剩余”，那么“增长剩余”来自哪里？这个传统经济学理论难以回答的问题，引起了人们的思考和反省。一批睿智的经济学家跳出了传统资本范畴，另辟蹊径，认为除土地、资本和劳动之外，一定还有重要的生产要素被

“遗漏”掉了——人力要素。据此，经济学家们建立了数十年来在西方学界和社会中产生持续影响的人力资本理论，不仅解开了战后日本、德国乃至西方国家经济迅速发展之谜，更使得人在物质生产中的决定性作用得到“复归”。

人力资本之父舒尔茨把资本划分为人力资本和常规资本或物质资本，他认为导致资本—收入比率下降的原因是人力资本增长速度超过物质资本。投入与产出间的增长速度之差，一部分是由于规模收益，另一部分是由于人力资本带来的技术进步。战后工人工资的增长正是来自于人力资本投资的增长和产出的增长。

以知识经济为背景的新“经济增长理论”在美、英等国兴起，人力资本作为一个独立变量引入经济增长模型之中。以美国著名经济学家、芝加哥经济学派代表人物之一卢卡斯为例，他把对一般的技术进步和人力资源的强调变成了对特殊的知识的强调，即生产某一产品所需要的“专业化的人力资本”：特殊的知识和专业化的人力资本是经济增长的主要因素，它们不仅能获得收益，而且能使其他经济要素也获得效益，从而使经济增长成为一个长期的、持续的系统。

专业化的人力资本即人才资本，是指一个国家或地区中具有较高知识、能力、健康水平等个体人力资本因素的整合，是增加社会物质价值、文化价值，促进社会和科技进步的主要推动力和提高生产与服务效益的核心资源。

在知识经济时代，拥有特殊技能、专业化的知识以及对知识和技术的集成使用能力是经济增长的真正源泉，即人才资源是决定未来经济发展最重要的资源。投资于人已经成为当今世界发展的主旋律，而培养、扶持和吸引具有创新、创造和创业能力的人才成为各国当前经济发展重点。

2009 年，美国发布《创新战略》，提出“到 2020 年要成为全球拥有 25 ~ 34 岁高等教育毕业生最多的国家”，加快人才储备增长速度；2012 年 6 月，日本综合科学会议公布“可持续技术创新活动的人才培养路线图”，培养能够活跃于国际舞台的一流人才；2012 年，俄罗斯不断加大对青年研究人员和学生的支持，为国家创新发展和实现经济现代化培养后备力量……

2010 年 4 月，我国颁发了 19 000 多字的《国家中长期人才发展规划纲要（2010—2020 年）》，提出培养和造就规模宏大、结构优化、布局合理、素质优良的人才队伍，确立国家人才竞争比较优势，进入世界人才强国行列。

未来经济格局的竞争，是人才的竞争。

## 二、创新驱动实质是人才驱动

袁隆平发明杂交水稻，用“一粒种子改变世界”，解决了十几亿人口的吃饭问题；屠呦呦提取青蒿素，创制新型抗疟药，让非洲每年有 10 万名疟疾感染者获救……古今中外，无数生动实践证明，人才是创新驱动的“核心要素”。

我国经济增长进入新常态已经是公认的事实：经济结构优化升级，服务业增加值占比 46.7%，继续超过第二产业。高新技术产业和装备制造业增速分别为 12.3% 和 11.1%，明显高于工业平均增速。新型工业化、城镇化、信息化、农业现代化协同推进，创新驱动成为必然选择。

那么，如何实现创新驱动发展？靠人才。

创新的核心任务，并不仅限于科学或者技术发展，更重要的是要完成从发现、发明到成果转化、投入商用的过程，即跨越“达尔文海”。以硅谷、旧金山湾区等全球重要的科技创新中心成长经验看，它们的创新成果不断涌现，创新影响不断增强，其背后是一个强大的人才团队。一线研发人员负责科技研发创新；企业家创业者发现、捕捉商机，组织资源，执行和实现新的组合，开辟市场；投资者探索产业的发展方向，评估人才、项目、团队；金融、会计、律师等专业服务人员，围绕在创新创业人才周围，提供专业的服务。各个创新主体协同合作，形成整体合力，串联起知识链、创新链、产业链、价值链，使之成为人才创新生态圈。

根据中国社科院城市与竞争力研究中心每年发布的《全球城市竞争力报告》来看，从2005年至2015年这十年统计数据来看，人才竞争力的提升是过去十年城市竞争力上升的主要支撑因素。人才竞争力排名靠前的城市，虽然人才数量指数下滑，但人才质量指数上升明显。这表明，人才质量是竞争力的主要支撑。

领英携手世界经济论坛发布的《2016年全球人力资本报告》对全球130个国家的“人力资本指数”进行了评估，重点聚焦人口的教育、技能和就业状况，以评估各国在人力资本方面的积累和释放潜力。其中，芬兰在年度“人力资本指数”排名中位列第1，挪威、瑞士、日本依次排在第2至第4位。作为新兴经济体，中国以全球第71名，处于东亚的平均水平。在创新技术助推产业变革的新时期，中国的人力资本积累和成长，与世界发达国家的差距还很大。

报告同时指出，以中国为代表的制造业大国已经成为全球主要新兴市场中最具竞争力的经济体。“两化融合”的机遇将重新构筑包括智能制造、云服务、移动互联技术、新能源等元素在内的生态体系，推动传统制造企业的转型。制造业正通过技术创新，实现传统生产工艺的转型升级，最大限度地实现生产全自动化、个性化、弹性化，以及自我优化资源效率，从而创造出更多就业岗位和机会。

可与之相对应的现实却是，中国制造业的传统红利正在变薄，单位劳动力成本方面的优势逐渐降低，而单位劳动力的生产效率依然得不到提升，中国高端人才供给不足。这一现实为中国制造业最大化释放人才资本的效率吹响了号角。

美国竞争力委员会和德勤会计师事务所通过对超过550名全球首席执行官的调查发现，驱动未来制造业发展最重要的因素就是“人才驱动创新”，其后才是经济、贸易、金融和税收体制等。显然，一个“人才驱动创新”的时代正朝我们走来。

## 三、“互联网+”下的人才力

中国的“互联网+”模式一度成为全球关注的热点。新兴创业互联网公司如雨后春笋般崛起，不仅改变了劳动力市场的结构，还加速了人才和知识的跨界流动。互联网时代人才资本的积累和释放，将成为发展共享和众创经济的新增长点。

### （一）知识创新网络：加速人才和知识跨界流动与生产

《2016年中国人才趋势报告》显示，当前我国职场人呈现“开放”“跨界”和“目标驱动”三大核心特征。高达95%的中国职场人士会对新的工作机会感兴趣，这一比例明显高于世界平均水平（90%）。“互联网+”独具的开放性与共享性，不仅促进了新业态生长和传统产业转型，更极大地促进了人才和知识的跨界、跨区域流动。

西方人力资本理论认为，人力资本具有内部效应和外部效应。内部效应是指人才所拥有的知识和技能直接作用于经济所产生的价值；外部效应是指人力资本与外部环境互动，改变其他生产要素，从而产生1+1＞2的价值，即人力资本的溢出效应。互联网创造了一个知识创新网络。人才和知识的流动打破时间和地域的限制，通过互联网联系在一起。

美国的“创新中心”网站，号称集结了全球的“超强大脑”，采用众包的方式解决世界难题；中国本土的知乎网，通过建立一个网络问答社区，连接各行各业工作者，使用户之间分享彼此的专业知识、经验或见解。这两种模式都可以视为知识创新网络的模型。

在这种模型之中，知识共享成为可能。互联打破知识垄断，使知识传播与生产变得更为便捷。知识不再成为独享资源，而是扩散到每一个社会成员身上，产生几何级的扩散。在这种共享模式下，知识不断增加，价值持续扩大，社会资源被充分激活。

### （二）大数据：一种新的人才应用模式

高端人才“争夺战”不仅仅局限在企业之间，而是上升到了不同行业甚至不同地域之间。当前一些领先的中国企业正在通过更高效、更直接的社交招聘锁定和吸引跨界高端人才；基于人才大数据洞察制定人才战略和全球化业务布局；以基于社交平台的雇主品牌讲述企业文化和价值观，吸引和留住目标驱动型的高端人才。这种充分利用社交网络与大数据技术挖掘人才的模式，已经成为人才战略的必备要素。

人才大数据的发展趋势有两个方面：首先，其价值会体现在人才培养、使用和服务的各行各业之中，数据技术会成为行业的优化工具或者产生颠覆性创新。其次，大数据本身的发展也会被自我颠覆，数据的采集、识别、关联将会变得越来越自动化。

在德国工业 4.0 战略中提到过大数据模型：其一，通过新技术平台，把技术和组织协调一致，让员工自主选择他们的工作和调整工作量，建立一个自组织环境。其二，进行组织变革，给一些重要的知识员工充分授权，并成为决策者和控制者。建立灵活且全新的制造业组织规模来保障工作与私人生活的边界，平衡工作和生活。大数据的应用为人才的利用提供了一种全新的组织方式，加速人才的整合利用，最大化释放人才资本。

互联网信息技术的发展加速了“人才创时代”的到来，新动能的培育和传统动能的改造，以及人才的加速流动与共享，进一步释放人才资本和供给侧人才潜能。在当前新旧动能转换和转型升级的关键时期，“人才动能”转化为“创新势能”将永远在路上。

# 第五章
# 从重物到投人

## 第一节　别让华为跑了

2016 年 9 月 20 日，一则上市公司的公告引人注目。

上市公司 *ST 宁通 B 发布公告称，拟出售两套北京学区房。根据评估公司评估，两套房产评估价值为 2 272.62 万元，较账面价值增值 16 倍。据媒体公开报道，该公司 2013 年和 2014 年连续亏损，2016 年上半年再亏 2 110.91 万元。如果年底不能扭亏，根据交易所相关规定，公司将面临暂停上市的风险。也就是说，一家上市公司能不能保住壳，主要就看这两套学区房了。

这大概是很多人都没见过的最悲情又可笑的企业经营方式。过热的房地产让很多人慨叹“干实体的不如买房子的”“买房是最好的投资”。

### 一、一个挽留：人才与房价，孰最重要

2016 年年初，深圳龙岗区在一份针对前两个月经济分析的

报告中反复提到华为。报告认为，2015 年前两月经济“开门红”，工业消费增长，财政收入增幅接近 50%。但是剔除华为，龙岗区工业产值下降 14%。

一直以来，华为都为龙岗创造着巨大的产值和税收，但也存在隐忧。2012 年，基于业务需要，华为在松山湖注册了华为终端（东莞）有限公司，虽然华为核心部门仍在龙岗区，但华为部分业务存在迁走的可能。

龙岗一直以来都是以发展工业经济为主，近年来第三产业所占的比重以及质量都有所提高，在追求产业结构升级、经济转型的同时，不能失去推动经济增长的主要力量——工业。因此，服务华为以及发展除华为外的整个工业经济至关重要。

而华为终端所在地东莞则对外宣布，2015 年的企业纳税排行榜，华为终端（东莞）有限公司拿下主营业务收入和纳税两个第一。有人预计，营收达到千亿元级别，税收 20 亿元左右。华为成为东莞最耀眼的企业。如果再考虑到华为在东莞产业链带来的上下游企业，经济效益无法估量。如果华为终端仍旧留在龙岗，那么这些成绩本该属于龙岗。可是，如今被东莞成功挖走墙角。

华为创始人任正非在接受采访时坦诚华为转移的直接原因：“深圳房地产太多了，没有大块的工业用地了。大家知道大工业的发展，每一个公司都需要一定的空间发展……现在土地越来越少，越来越贵，产业成长的可能空间就会越来越小。这些人要有住房，要有生活设施。生活设施太贵了，企业就承载不起；生产成本太高了，工业就发展不起来。”

官方似乎已经意识到投资地产存在的潜在危险："尽管商品房市场销售近来比较火爆，不仅给开发商带来了巨额的利润，还给政府增加了一定的财政收入，但疯狂的背后有几个弊端需要注意……"

为了挽留华为，在协调会上，针对华为提出的问题，龙岗区政府方面均表示"马上就办"，承诺加快街道的旧改及城市更新速度，承诺加快华为周围医院、学校、商场等生活配套设施的建设，并且保证质量高，与华为的地位相匹配，承诺以华为的合理诉求为导向，及时解决华为的问题。

龙岗区政府的挽留，表明科技业和地产业之间的矛盾已经显性化。选择以科技产业为代表的实体经济还是选择发展土地财政，答案不证自明。

龙岗区政府在报告中进行了反省般的剖析：

"一是房价的上涨抬高了租金，给刚毕业的大学生等年轻人增加了生活负担，排挤了一部分有用之才到我区就业，同时商业办公及厂房的租金也被抬高，一些企业受困于成本的上升，不得不整个企业或者将部分经营活动迁出我区，这对我区经济总量的增长起到了负面的影响。

"二是一部分企业主因为近年制造业盈利能力下降，也开始将资金投入到房地产开发当中，实体行业资金的抽离将使我区的工业经济受到打击。

"三是金融杠杆是把双刃剑，目前市场上有部分购房者是借助中介公司、众筹、P2P、首付贷等杠杆来筹集首付完成购房的，这些杠杆虽然在初期一定程度上帮助了购房者，然而也加重了偿债负担，一旦房价出现下行，这类投资者因出资额很低，更易弃房断供，从而进一步加大银行按揭贷款风险，影响实体经济。”

## 二、深莞之争：以地换人，抢占高地

除了华为，同样酝酿逃跑或者已经逃跑的，还有很多企业。

国际半导体厂商高通，因担忧深圳租金太高，在目前业务很难扩大的情况下，2016 年春节开工就计划将办公室迁往广州，实验室和工作室搬到东莞。

深圳起家的无人机领头羊大疆科技，占据全球无人机市场份额一半还多。早在 2013 年，大疆科技就启动了松山湖总部计划，拟在东莞买地 32 亩。跟华为类似，大疆科技的总部仍会留在深圳，在东莞建设全球研发和销售中心。

光启科学，一家专注于超材料的科技公司，在全球超材料领域的专利研究中具有绝对优势，申请量占该领域专利总量的 86%。2015 年 12 月，光启科学研发的智慧城市空间信息平台“云端”号，在东莞完成全球商用首飞。已经启动建设和产业规划的东莞空间科技城，就是光启科学在东莞松山湖打造的项目，目标是建成具有世界影响力的航空航天产业研发基地。光启科学还设立了东莞前沿技术研究院。

总部位于深圳的中集集团，是一家巨无霸央企，世界 500 强，全球领先的物流和能源装备企业。目前已经明确，中集的集装箱总部将搬迁到东莞！此外，中集专用车制造项目、车辆园项目将落户望牛墩镇，占地面积分别约 600 亩和 300 亩，投资额分别为 30 亿元和 20 亿元；中集现代物流装备制造项目落户凤岗镇，生产用地约 1 458 亩，综合配套用地约 80 亩，总投资约 70 亿元。

东莞挖墙脚现象愈演愈烈，这完全得益于东莞最有竞争力的方面——地多，且便宜，跟深圳比简直是“白菜价”。华为旗下公司 2015 年在东莞拿下两块商住用地，建筑面积分别达 20 万平方米和 11 万平方米，其中一块地花了 7 亿多元，楼面价平均 2 000 多元，在深圳，再加个零，也未必能拿到。

任正非说：“世界的中心在哪里？不知道，会分散化，会去低成本的地方。”与许多依靠高房价推动经济发展的城市不同，东莞的政策模式似乎是“以地换人”“以地换技术”“以地换企业”。这个效果是明显的，2015 年，东莞新增国家高新技术企业 303 家，总数达到 986 家，这一数字比 2010 年增长了 193.45%。

## 三、人才战略：吸引而非挽留

深圳对华为的挽留恰恰说明了人才争夺战已经成为未来竞争的重点。别让华为跑了，实际上是指别让人才跑了。

2016 年 3 月，深圳重磅出台《关于促进人才优先发展的若干措施》（以下简称《若干措施》），一次性提出 20 个方面 81 条 178 个政策点，广纳天下英才；2015 年，深圳市级财政人才投入 16 亿元。《若干措施》实施后，每年仅市级财政的投入达 44 亿元；针对高房价难留人才的问题，深圳斥资 1 000 亿元，组建人才安居集团，并下决心在“十三五”期间，要提供至少 30 万套人才安居房，解决人才发展的后顾之忧；明确取消了人才申请轮候公共租赁住房缴纳社会保险的年限，给予新引进入户的全日制本科以上学历的人才一次性租房和生活补贴，其中本科 1.5 万元、硕士 2.5 万元、博士 3 万元。与此同时，深圳还规划建设一批高水平医院和基础教育机构，打造人才综合宜居环境，彻底打造一个极具人才吸引力的城市。

深圳对华为的挽留是否有效，外人不得而知。但有明显的数据显示，由内而外的战略突围正在带来高端人才在深圳的爆发式集聚。2016 年 1 ~ 8 月深圳已引进全职院士 5 人，目前全市的全职两院院士总数达到 16 人。截至 2016 年 9 月，“孔雀计划”人才认定量已达到 2015 年认定量的 85%，引进海外留学人员同比增长超过 50%。

“谁抢占了人才战略制高点，谁就一定能立于不败之地。”马兴瑞曾一针见血地指出人才资源对于地区发展的重要性。在他看来，如果不打赢人才这场高地争夺战，经济发展就是虚胖，不可持续。

## 第二节　人才投资：KPI 不会告诉你的增长指标

“人才投资是效益最大、最有远见的投资”已经得到无数实践的检验，且成为世界各国的普遍共识。日本、美国、韩国，以及我国的深圳、北京、上海等地，人才投入“一本万利”的鲜活故事层出不穷。

### 一、人才差距

1996 年，经济合作与发展组织（OECD）首次提出知识经济的定义："以知识为基础的经济"。经过近 20 年的发展，知识经济已经成为全球经济发展的主流。

智力支撑是知识经济的一个典型特征，因而知识经济又被称为智力经济。人类正在步入一个以智力资源的占有、配置，知识的生产、分配、使用（消费）为主要元素的经济时代。在知识经济时代，智力、知识、信息等无形资产的投入、占有，将成为经济发展的决定性因素，财富和权力取决于所拥有的信息、知识和智力。这就决定了劳动力的国际竞争力也不再以廉价为主要的优势，而在很大程度上取决于其科学文化素质的高低。

在知识经济条件下，劳动力科学文化素质的形成有赖于人力资本投资，人力资源转化为人才资源，更离不开人才资本的投资。

早在 20 世纪末，联合国教科文组织和世界银行就认为，发展中国家与发达国家的差距实际上是"知识差距"。如此看来，"知识差距"实质就是人才的差距。

大量的数据证明了这种观点。

2014 年，我国劳动人口受高等教育的不到 10%，全国人口中达到劳动年龄的人力资源接近 8 亿人，知识技能人才资源不到 1/7。而早在 2000 年，美国的人才资源已达劳动力的 65%。从人力资本的投入对经济发展的贡献度来看，我国为 20%，而美国达到 60% 以上。

以制造业为例，我国制造业从业人员 1.4 亿人，其中技工约占一半，在这 7 000 万名技工中，初级技工占 60% 以上，中级技工占35%，高级技工及以上的人才不到4%。日本、德国等国的技术工人中，高级技工及以上的人才达到40%。从人力资本对经济增长的贡献率来看，我国约为35%，发达国家则达到75%。

## 二、人才投资效益最大

在上一章我们提到了人力资本理论。“人力资本之父”舒尔茨对1929～1957年美国教育投资与经济增长的关系做了定量研究，得出如下结论：各级教育投资的平均收益率为17%，教育投资增长的收益占劳动收入增长的比重为70%，教育投资增长的收益占国民收入增长的比重为33%。

舒尔茨得出结论，人力资本投资的效益增值远远高于物质资本的投入，他也因此获得了诺贝尔经济学奖。

人力资本投资效益最大这一结论在世界银行的一项研究中被证明，劳动力受教育的时间每增加一年，就能提高劳动生产率9%。以此推算，与没有受过教育的人相比，一个小学毕业生可以提高劳动生产率68%，中学毕业生提高181%，而一个大学毕业生则提高297%。这样看来，投资大学教育每增加一个人年所提高的劳动生产率，是投资小学教育每增加一个人年所提高的劳动生产率的2.6倍。

国内外的实践也反复证明了这一观点。美国钢铁大王卡内基世家靠投资产业资本成为百万富翁，用了近百年；美国石油大王洛克菲勒家族靠投资资源资本成为千万富翁，用了50年；而电脑奇才比尔·盖茨靠投资人才资本成为百亿富翁，只用了十几年。如今，这个时间差与知识更新速度一样，周期会更短。

国内更是如此。以深圳为例，数据显示，2015年，深圳市级财政人才投入16亿元。而这一项投入在《关于促进人才优先发展的若干措施》发布之后，每年将达到44亿元。经济回报也是可观的，2016年前三季度深圳第二、三产业对经济增长贡献率分别为28.9%和71.1%，分别拉动经济增长2.5个和6.2个百分点，第三产业中金融业和以信息传输、软件及信息技术服务业为主的营利性服务业和以八项支出为主的非营利性服务业对经济增长贡献突出。全市新兴产业（包括七大战略性新兴产业和四大未来产业）增长11.2%，高于整体GDP和规模以上工业2.5个和4.6个百分点，而这一切都是建立在庞大的人才团队基础之上的。

这些都充分说明，投资人才资本比投资资源资本、产业资本能获得更大的收益。

## 三、人才投资正当时

从高消耗、低成本发展模式向低消耗、高成本、高附加值的产业模式转型，我国的产业结构正在发生历史性的变化。产业结构的改变对我国劳动者素质提出了新的要求，从中低端岗位向中高端岗位转移成为趋势。与此同时，新产业、新业态快速发展，市场对中高端人才的需要急剧增加。

中国企业家调查系统发布的《2015中国企业家成长与发展专题调查报告》显示，当前我国企业创新投入和能力明显上升，但面临创新人才短缺、资金结构单一等问题。高达60.7%的企业家认为，高技术人才缺乏是妨碍企业创新的最主要因素。

近年来，西方发达国家特别是美国不惜投入巨资，以提供优厚的物质待遇和优越的工作吸引世界各国特别是发展中国家的人才为他们所用。这些人才身上所携带的“前期”初级阶段漫长的人力资本投资，被人才流失国“买单”。而人才流入国只需要进行“中期”的中级阶段或“后期”的高级阶段投资就可以迅速“坐享”前期投资的巨大效益。

然而，我国目前的人力资本投资力度与西方发达国家却有很大的差距。2010年，我国人力资本投资占国内生产总值的比例是12%，2020年规划达到15%。而在2006年，美国为23.14%，法国为19.02%，德国为17.80%，新西兰为16.32%，英国为15.60%，日本为15.14%，澳大利亚为15.11%，意大利为14.47%，韩国为13.76%。

如此情势下，我国的人才投资尤其是人才的中高端投资，显得极为紧迫。

2000年，诺贝尔经济学奖得主詹姆斯·赫克曼认为，当前中国人才投资回报效果十分显著。正处于转型期的中国，经济结构和模式发展日新月异，越是有知识和技能的人，越能很好地适应各种变化，并反过来更好地推进经济的发展。

与之相对的，中国与国际经济的联系日益紧密，新思想、新技术的本土化、全球化，都迫切需要大量受过良好教育的人。即使是大量实物资本的投资，因为需要很高的技术含量，也必须以人才作为支撑。

正因为如此，对于经济处于转型升级阶段的中国而言，人才的“溢出效应”格外突出。西方相关研究也证明了这种观点，目前中国人力资本投资回报率高达30% ~ 40%，高于物质资本投资回报率20%，高于美国等发达国家人力资本投资回报率15% ~ 20%。

一旦投入便有“核能裂变”似的产出，如此一本万利的投资模式，是市场经济中谁都无法拒绝的经济增长秘籍。

# 第三篇

## 思索：路在何方

# 第六章
# 没有无缘无故的成

从地球上出现第一个生命开始，所有的生物体都依照“自然选择，优胜劣汰”的规律不断进化升级。而最终拥有最高智商的人类，在这场自然选择的竞争中，从学会使用工具开始，由纯粹的生物物种衍变成一种具有社会经济价值的生产要素——“人力资本”，站到万物金字塔的顶端。这场进化花了大约35亿年的时间。

在东莞一家工厂的生产线上，瓷砖一出窑炉就进入自动输送带，通过地下送到百米外的车间，抛光、磨边、切割、检测、打包等工序都在自动输送带上完成。以前“人满为患”的大车间，现在只有不到20名工人在巡查机器是否正常工作。由人类亲手做出的自动化、智能化设备代替了人工。“机器换人”正悄然改变着这座生物金字塔的结构与构成：车间普工被取代，技术人才缺口变大。从第一次工业革命开始，至今已有近300年。

2016年6月28日，世界经济论坛和领英携手发布了《全球人力资本报告（2016）》。报告指出，创新正在以前所未有的速度在全球范围内展开，因而雇主对员工的技能需求也产生了急速变化。领英联合创始人及产品管理副总裁 Allen Blue 分析，信息化和工业化的“两化融合”构筑了一种全新的产业生态体系（科技驱动新商业模式和工业 4.0 等产业升级），到 2020 年，全球将会有 700 万个工作岗位消失，包括一些基础白领和蓝领技工等。另一方面，计算机、数学、建筑等领域能够创造 200 万个新的工作机会，因此这中间将会产生 500 万个工作缺口。

人类发展的拐点又一次来临。那么，这次自我革新的竞争对手是谁？又需要多久？

## 第一节　人到人才的距离

新一波的技术创新将首先并且彻底重构我们的劳动力市场。人才议题已经不仅仅局限于经济发展范畴，而是定位到每一个个体发展身上，个人也不再是单一孤立的个体，而是一个与全球工业文明、信息社会息息相关的“世界历史性的个人”。无论你是企业 CEO，还是一线工人，都不可避免地面临这个问题：究竟该如何应对这场新技术的“攻城拔寨”，才能站到金字塔顶端，避免被淘汰？

### 一、学习力是唯一持久的竞争优势

上午 8:40 ~ 11:00，哈佛听主课；下午 1:00 ~ 2:30，英语选修课；2:45 ~ 6:00，英语语法课。晚上 7:30 ~ 9:00，口语课，每周两次；每晚看资料、做笔记至凌晨 1 点。2011 年，正值耳顺之年的中国房地产“教父”——王石，选择去哈佛大学当清苦的“修道徒”——自己做早餐，步行上学，坐地铁出行，和十几岁的孩子一起学习语言，并给自己制定了严格的时间表，成为中国最爱学习的老总。

“抛弃那些陈旧的领导观念吧！21世纪最成功的公司，就是那些构建基于学习型组织的公司。”著名的管理学大师德鲁克指出，未来唯一持久的竞争优势，就是比竞争对手学习得更快和应用得更快。

根据联合国教科文组织曾经做过的一项研究，在18世纪时，知识更新周期为80～90年；19世纪末到20世纪初，缩短为30年；20世纪六七十年代，一般学科的知识更新周期为5～10年；而到了20世纪八九十年代，许多学科的知识更新周期缩短为5年。进入新世纪时，许多学科的知识更新周期已缩短至两三年。技术“转型变革”也不再是以年为周期，而是以分以秒为周期。“拥抱变化”是常态价值观。

如此之下，人才成为一个动态概念，其核心要素就是学习力。知识的折旧速度要远远快于其汲取速度，知识资本越来越像“鲜奶”，保鲜期越来越短。成才变成了学习能力的大比拼，金字塔顶端属学习型人才。

一直自诩为“人才加工厂”的韩国三星和美国GE，其人力资源管理的唯一使命就是源源不断地提升员工的学习力，加速员工从人材、人才到人财的发展进程。保持持久的学习力不仅仅是企业人力资源的使命，更需要个体的自我驱动与自我管理。

万通集团董事长冯仑认为万科创业团队具有独特的价值观和

超乎寻常的自律与学习能力，这是万科不可取代的地方，也是其有序调整和持续健康增长的重要密码。在万科深圳总部的王石办公室里，王石的办公椅背后有一辆精致的奔驰模型车，王石视之为万科的一段历史。20 世纪 90 年代，王石创业业务涉及玩具、服装、饮料、印刷、K 金链等十多个行业；1993 年，王石决心将公司从多元化向专业化转型；2007 年，万科成为中国最大的房地产住宅开发商；2011 年，王石游学哈佛，从基础语言开始学起。

王石说，“意识到差距，所以来学习。”只有保持高度的学习热情，将不断学习转化为习惯，才能够在历史变化浪潮中“任尔东西南北风”。

## 二、来自于勤奋的较量

人才的成长绝不是偶然的。滴滴总裁柳青 2000 年从北京大学计算机系毕业后，2002 年在哈佛大学获得硕士学位，同年加入高盛（亚洲）集团投资银行部负责“分析员工作”，2004 年转投直接投资部工作，2008 年晋升为执行董事。2012 年，晋升为高盛（亚洲）有限责任公司亚太区董事总经理，是高盛历史上最为年轻的董事总经理之一。2015 年，帮助滴滴完成当时非上市公司最大一笔 7 亿美元融资后，柳青由 COO 升任总裁。这一切都建立在疯狂勤奋工作的基础之上。

华为创始人任正非曾经说道：“华为人，尤其是领导者注定操劳终生，要比他人付出更多的汗水和泪水，经受更多的煎熬和折磨。”这是最有标志性的华为企业文化——“狼性”文化，因为“在与狮子作战时，狼群有着惊人的战斗力，它们对胜利有着疯狂的追求，对失败有着不懈的忍耐，它们有坚定的目标，利用各种可能的手段，去打败狮子。”任正非将这种文化总结为三大特性的混合体：一是敏锐的嗅觉，二是不屈不挠、奋不顾身的进攻精神，三是群体奋斗意识。

2016年9月，路透社评估报道滴滴估值已达338亿美元，用户2亿。人们很容易被成功人士身上的光环所吸引，却忽略其艰辛的付出。滴滴投资人朱啸虎评价，无论是滴滴还是柳青，走到今天仰赖的仍是勤奋二字。相较于柳青的刻苦勤奋和华为的“狼性”文化，我们不难看出，金字塔顶端与金字塔底有时并不是天赋的差距，而是勤奋的较量。

人自身是一种最革命、最活跃的生产力，人人都有成才的潜质。尽管每个人成长的时代与社会环境不尽相同，成长经历和实践历程各异，但每个人都有其独一无二的优势，信息技术发展为人人皆可成才提供了难得的机遇和平台。用勤奋与热情沉淀自我，充分发挥自我优势，使自己的素质和技能从一般表现提升至卓越表现，是人才成长的必经之路。

## 三、创新力，未来人才的高地

2010年，诺基亚净销售额为424亿欧元，而在同一年雷军的小米公司才刚刚注册成立。2014年，传统的手机巨人诺基亚正式把设备与服务出售给微软，市场上再也没有诺基亚手机。而小米手机已经进军到小米盒子、小米电视、空气净化器等诸多领域。诺基亚不缺熟练工人，不缺技术，不缺专利，不缺工厂，不缺资金，却败给了中国本土一家刚刚起步的创业公司，就是因为缺少能够及时回应时代的创新力基因。

乔布斯说，创新决定了你是领袖还是跟随者。中国人力资源研究培训中心“创新型人才开发的政策与技术研究”课题组基于84位科技创新人才的实证分析发现，强烈的创新意识和创新能力，是科技创新人才的典型特质之一。

美国耶鲁大学心理学教授斯腾伯格将创新性思维定义为一种能超越已知给定的内容，产生新颖有趣结果的能力。这种能力包括想象、假设、构思、创造和发明等能力。他认为，创新力是一种普遍的天赋，每个人都有表现非凡创造性的潜能。

那么，如何自我开发创新性潜能？“创业就是跳悬崖，我40岁，还可以为我18岁的梦想再赌一回。”作为一个现象级的人物，雷军抱着一决胜负的信念来创业，打算做一个完完全全创新的东西。雷军带领小米团队推出定制Android手机操作系统MIUI，专为移动终端设计了社交通信工具“米聊”，创立了“软件+硬件+互联网服务”铁人三项模式，开辟了渠道成本最低的电子商务销售模式。一系列战略创新改变了整个传统手机行业。特别是进入2015年以后，小米又大刀阔斧向“生态链”“云服务”挺进。这是“苹果教父”乔布斯都未曾走过的路。

斯腾伯格认为，尽管影响个体创新的因素涉及个人特质和社会文化环境等诸多方面，但是决定个体在何种程度上实现其创新潜能的最基本因素，是足够的动机和强烈的欲望。正如乔布斯，他的个性、激情、完美主义、欲望、艺术气质以及控制欲，这一切都跟他的经营理念和最终的创新产品交织在一起。个人特质在其产品的创新中发挥到了极致。

## 四、实践是检验自我的唯一标准

2000 年，成立一年的 e 国网宣布推出“e 国 1 小时”，承诺在网上订单发出 1 小时内免费送货到用户指定地点，将快速配送服务和互联网结合，建立一个集零售与配送于一体的 B2C 模式。然而，这种现在看起来很正常的商业模式只坚持不到一年，便被市场淘汰。

这看起来很让人费解。如今的网购已经融入百姓日常生活，从京东到家，到闪电购、小 e 到家，B2C 已经进化到 O2O。下班随手下个订单，人没到家，订单商品已送至家门的“一小时本地生活圈”也见怪不怪。为何“e 国 1 小时”会遭遇滑铁卢呢？

“e 国 1 小时”经营方式当时被业界评论为“跑步进入‘共产主义’”，实际上 e 国的悲剧也是源于此。在 2000 年，中国无论是物流、支付、配送，还是网购人群都极不成熟。在市场没有成熟时过早切入市场，靠一家公司来撑起整个产业链，天方夜谭。

在前文我们引用了著名的管理学大师德鲁克的观点，学习力和应用能力是未来竞争的唯一优势。无论是从我们熟知的马克思主义哲学来看，还是从市场运行规律来看，人才必须“落地”。实践出真知，实践出人才，这是人才成长最根本、最管用的规律。

电商新秀“三只松鼠”在 2016 年的双十一购物节中，又轻松拿下品类第一名。与很多互联网大佬动辄北京大学、清华大学毕业不同，三只松鼠的创始人章燎原中专学历，“闯江湖”时还不到 20 岁，摆地摊，开冷饮店，卖 VCD，是个十足的草根。之所以能够敏锐察觉到互联网的气息，是因为他已经在坚果食品行业浸泡了 9 年。从最基层的销售员到董事总经理，章燎原每天最多的时间就是用来看消费者反馈的数据，对坚果食品销售市场了如指掌，依靠对消费者的消费心理和消费习惯的深刻洞察，章燎原坚守口碑营销，三只松鼠上线 65 天便横扫坚果电商市场，跃居天猫坚果类销售第一名。

斯腾伯格的成功智力理论中有一个概念是“实践性智力”，其核心是个体在生产实践活动中，将已有知识转化为能力，使自身技能有所提升。人才自我成长也是如此，必须根植于深厚的实践底蕴和“学习—实践—再学习—再实践”的多次循环之中。

## 第二节　人才井喷

日本在迈入 21 世纪的最初 17 年里，平均每年获得 1 枚诺贝尔自然科学奖奖牌，将过去的诺贝尔奖强国——英国、德国、法国远远甩在身后。这种人才井喷的现象引起了国际范围内的关注，也让创新人才的成长规律成为备受关注的问题。

人才井喷的现象能否被复制，如何复制？这是一个极为错综复杂且几乎无法精确回答的问题。目前较为一致的看法是，人才井喷依赖制度设计、经济投入、教育培养以及以师带徒的传承模式。在找出哪一些影响因素更为关键之前，让我们先看一些与之相关的尝试。

## 一、创客，又一轮人才风暴

乔布斯在自传中提到，他少年时在家里组装一台频率计数器，需要一些惠普制造的零件，他直接打电话给惠普的CEO比尔·休利特（Bill Hewlett），希望对方可以提供所需零件。两个人在电话里聊了20分钟，相谈甚欢。休利特不但给了乔布斯零件，还给他提供了一份在惠普的工作。

乔布斯提到的自购零件自行组装在20世纪60年代是极为少见的事情。但是现在，零部件可以网上购买，只要有点资金支持，甚至是一个孩子就可以自己组装，制造出成品。“创客”不再是精英的专利，“人人创客”已经全面爆发。

2016年10月11日，《财富》杂志发布2016年“最受赞赏的中国公司”榜单，海尔集团再度入选，成为唯一一家连续11年位列榜单TOP5的企业。2015年海尔连续7年被欧睿国际评为全球大型家电第一品牌。从2007年至今，海尔年利润复合增长率达33%，是营收复合增长率的5.5倍。2016年上半年，海尔旗下上市公司青岛海尔实现营收、利润双增长，其中利润同比增幅20%以上。

这一系列增长和荣誉诞生于海尔独有的发展模式——创客模式。海尔由产品制造平台转化为内部孵化平台，使员工从执行者转型为创业者，在海尔平台上利用全球资源进行创业创新。雷神游戏笔记本电脑创客团队就是一个典型的例子，三个85后年轻人利用海尔平台深挖了3万条用户数据，同时整合了代工厂和设计资源，第一款雷神刚上线就把海尔从未做过的游戏笔记本做到行业第二，产生了 1 200 万元的净利润。这样的人均产出是任何传统企业都无法企及的。资料显示，在海尔创业平台上，已有超过 100 个小微年营收过亿元，23 个小微引入风投，12 个小微估值过亿，为社会提供超过 130 万个就业机会。其创新规模在全球名列前茅，而且呈现出指数级增长的趋势。

克里斯·安德森在《创客：新工业革命》一书中大胆预言，"在产品开发领域，创客运动是最佳的创新模式，把'联合创造'或者基于社区开发纳入战略之中的国家肯定会胜出，这些国家在各领域内找到并充分利用最佳人才，是 21 世纪获得成功的保证。"2014 年，李克强同志在夏季达沃斯论坛上首次提出"大众创业，万众创新"之后，2015 年，"大众创业，万众创新"被写进政府工作报告。大众创业、万众创新的热潮在各地相继掀起。2016 年 3 月 5 日，李克强同志在新的政府工作报告中论及"十三五"时着重指出，从根本上说，发展的不竭力量蕴藏在人民群众之中。9 亿多劳动力、1 亿多受过高等教育和有专业技能的人才，是我们最大的资源和优势。实现新旧动能转换，推动发展转向更多依靠人才资源和科技创新，既是一个伴随阵痛的调整过程，也是一个充满希望的升级过程。只要闯过这个关口，中国经济就一定能够浴火重生、再创辉煌。

至此，又一轮人才风暴掀起。

## 二、从 0 到 1 的人才生态圈

拥有 79 所大学、近百万在校大学生，新型研发机构数量全省第一，中科院及清华大学珠三角研究院等高端科研院所相继扩大布局，发明专利申请增速位居全国副省级城市第一……创新资源在广州实现了“加速度”趋势：在广州这座最具创新活力的国际创新城，北京厚德科创、华工科技、中国大数据和智慧城市研究院华南分院等国内知名孵化器“闻风而来”；国家数字家庭应用示范产业基地、广州国家现代服务业集成电路产业化基地、广州大学城健康产业产学研孵化基地在此建成；2016年4月，思科智慧城项目也宣布落子于此……全球创新资源集聚广州，与广州及其经济腹地的教育、人才发生着巨大的化学反应。

如此的创新规模和发展速度，并不是偶然出现的，要依赖于一系列建设与改革。

2014年12月16日，广州知识产权法院拟挂牌成立。截至2016年6月，广州知识产权法院共受理各类案件6 813件，审结4 858件，结案率达到71.3%，将“加强知识产权运用和保护，健全技术创新激励机制”落地。

2016年，广州召开的第一个全市性大会聚焦于现代产业人才，并发布《关于加快集聚产业领军人才的意见》及相关配套文件。根据该文件，广州每年将大手笔投入7亿元，5年共投入35亿元，吸引创新创业领军团队的进驻。

众所周知，任何一个生物个体或种群的发展都离不开其特定的资源生态圈。人才作为一种社会种群也不例外。“在特定的区域与时间内，组织内所有各类人才与各类组织及人才市场之间形成一种系统关系。”这就形成了人才生态圈。

人才生态圈不是简单的生物链，而是一个交错纵横的网络，强调开放和共享的共生关系：在这个系统中人才从无到有，密集度逐渐增加，人才个体及同质人才以及异质人才间相互学习、共享资源，生态关系开始形成；上下游人才所形成的群体关系越来越密切，生态也越来越丰富，外在环境更适宜；随着竞争的加剧，劣质、弱势的人才受排挤而离开，优质、强势人才获得生存，得到发展，但随着人才生存环境的变化，人才也会迁移到更适合自己发展的地方，从而打破了原有的人才平衡状况，这就导致了人才的流动。

人才生态圈的价值打破 1+1=2 的增长模式。在我国人口红利逐渐减弱的现实下，培育人才生态圈的意义远远大于具体人才培养。从人才种子的引进，到各专业人才的互动交流，一个开放共享的人才生态圈，像有眼之泉，人才资源源源不断。

## 三、公认的教育

日本诺贝尔奖获得者接受义务教育和高等教育的年代大多集中于 20 世纪五六十年代，而当时日本的教育正经历着一场深刻的变革。

1947 年，日本政府颁布《教育基本法》，用和平主义和民主主义教育取代以往的国家主义和军国主义教育，对教育理念、学校制度、课程教学等多方面进行了改革。1960 ~ 1970 年间，为了使大学培养出能够为社会所用的人才，日本中央教育审议会先后就义务教育、医学教育、特殊教育、私立学校教育、教科书制度、短期大学制度、教师培养制度等诸多问题向文部省提出了多份咨询报告。

改革的成效非常显著：日本大学教育在经济高速成长期得到了很大的发展。1960 ~ 1970 年间，日本高等教育机构的总数从 525 所增加到 921 所，增加了 75%，大学生数量大幅增加，1970 年的在校生数量（168.5 万）是 1960 年（71 万）的 2.4 倍，工程类学生的比例从 1960 年的 15.4% 上升到 1970 年的 21.1%，人文学科类学生的比例则从 1960 年的 15.4% 下降到了 1970 年的 12.7%。日本的大学教育在 20 世纪 60 年代中期俨然进入了“大众化阶段”。

著名经济学家卢卡斯认为，教育是人力资本形成的最佳途径。通过学校教育，产生人力资本的内部效应，即劳动者自身素质对经济增长的直接影响；通过实践学习，形成专业化人力资本，对经济增长产生外部效应，即提高其他生产要素的产出效率，带来经济增长。但在目前人力资本总体水平较低的情况下，实践学习获得专业化人力资本的速度较慢。只有通过学校教育才可以快速形成人力资本的生产规模效应，并突破限制，最大化地提高知识水平。

伴随着经济全球化，我国日益看到与世界教育的差距。到 2015 年我国高等教育毛入学率已经达到 40%，论文 SCI 数据库收录科技论文 26.35 万篇，稳居世界第二位，诺贝尔情结也在屠呦呦获得诺贝尔医学奖后得到了释怀。2015 年，中国的研发支出总额达到 1.422 万亿元，占国内生产总值的 2.1%，已达到欧盟国家的平均水平。但人才培养是一个动态的过程，中国教育改革还有很长的一段路要走。

## 四、不可忽视的师承作用

在20世纪最后30年，美国有115位科学家获得诺贝尔奖，其中2/3获奖者得到过名师的指导。同样的现象在被誉为“诺贝尔奖孵化器”的剑桥大学卡文迪什实验室中产生，先后孕育了25位诺贝尔奖获得者，其中1906年诺贝尔物理学奖得主汤姆逊共培养了8名诺贝尔奖获得者，1908年诺贝尔奖得主卢瑟福共培养了11名诺贝尔奖获得者。这种密集的师承现象在日本诺贝尔奖获得者中也十分突出。

2015年诺贝尔物理学奖获得者梶田隆章在致谢时说：“所有的研究都是他们给我引导的。因为遇到了杰出的人。”梶田隆章是另一位诺贝尔物理学奖获得者小柴昌俊的弟子。20世纪70年代末，小柴昌俊提出进行神冈实验来寻找质子衰变，当时梶田隆章作为助手也参与了进来。神冈实验没有找到质子衰变，却探测到了宇宙中微子。小柴昌俊因此与戴维斯分享了2002年诺贝尔物理学奖。到了20世纪90年代，梶田隆章从老师小柴昌俊手中接过接力棒，成了超级神冈实验装置的负责人之一。1998年，梶田隆章发表了实验测量结果，第一个证实了中微子震荡现象的存在。这一发现使梶田得以登上2015年的诺贝尔物理学奖领奖台。

以导师为中心，重在把导师的研究成果延续下去，在延续过程中，后继者能够成为继承导师学术薪火的人才，这种发源于16世纪的英国的导师制，又被称为“同一种类型人才的人才链延续”。

原中国人事科学研究院院长、研究员王通讯认为，人才培养过程中的师承效应是人才成长的八大规律之一：徒弟一方的德识才学得到师傅一方的指导、点化，从而使前者在继承与创造过程中与同行相比，少走弯路，达到事半功倍的效果。

人才成长的土地需要深耕。我国拥有丰富的人力资源，发挥师承作用，就相当于种下一颗人才种核，通过种核的凝聚和培育作用，将散落的人力资源转化为具有巨大规模效应的人才群。

# 第七章 显性人才力

彼得·德鲁克把过去200年的组织创新总结为三次革命。第一次是工业革命，机器取代了技术，技术超越了技能；第二次是生产力革命，科学管理普及，工作被知识化，强调的是标准化、可度量等概念；第三次是管理革命，知识成为超越资本和劳动力的最重要的生产要素。

从互联网到移动互联网，再到物联网，从云计算到大数据，当前，我们正迎来第四次工业革命。在可见的未来，随着知识经济的进一步发展，机械性的、可重复的脑力劳动，甚至较为复杂的分析任务，都会被机器智能取代。但人的直觉，对知识的综合升华能力，是机器暂时难以超越的。因而，未来社会最有价值的人，将是机器难以超越的，以创造力、洞察力为核心特征的“创意精英”。

## 第一节 重新定义企业家

作为人力资本核心构筑成分，企业家在企业中起统驭、指挥和协调作用，是企业人力资源的最顶端，也是现代企业核心竞争力的重要来源。同时，企业家又是合理配置企业资源，使企业生产诸要素实现最优结合、发挥最大生产能力、追求利润最大化的拥有重要人力资本的经济人。企业家的特殊身份决定了企业家既是人力资本，又是人力资本的拥有者。

## 一、什么是未来企业家

企业家这个词最早出现在19世纪初，它更像是一个身份和职业，比如承包者、手工艺者。从第一次工业革命到第四次工业革命之前，传统的经济学理论一直在说资本的力量，并由此产生了强调金融资本、土地资本和劳动力资本的经济发展模式。过去的大规模生产，只要配置好金融资本、土地资本和劳动力资本，厂房、机器、工人、材料一应俱全，生产就能够自动进行。在得到丰厚的资本回报以后，生产资料拥有者往往自诩为摸爬滚打于浮沉商海的企业家。商业头脑、资本原始积累被视为企业家成长的必备要素。

著名经济学家熊彼特认为企业家是一份任务，其功能在于重新组合生产要素，并引入到经济活动中，由此破坏当下的静态经济，引起经济秩序的长期变化。优秀企业家所创造的日新月异的产品，构成了整个人类社会发展的物质载体，而在优秀企业家的引导、规范下形成的企业的行为规范、理念又扩展为社会进步的精神动力。

如前文所言，从互联网到移动互联网，再到物联网，从云计算到大数据，一种以“智慧”为核心的产业模式已经来临。人力资本和土地资本不再重要，知识资本成为核心资源，重新配置生产资源和社会资源。

我们梳理一下一些印象深刻的革命性变化：乔布斯触摸全屏 iPhone 的推出颠覆了传统手机产业的用户习惯和盈利模式，扎克伯格用 Facebook 全新定义了互联网时代的社交网络，马云构建阿里巴巴颠覆消费模式，张瑞敏大刀阔斧将海尔改造为创业平台……相对于传统企业家，我们发现了一些不同的东西：这些企业家们能够通过不断创新，打破障碍，最终改变、创造出新的行为规范与价值观念，为人们所接受与使用。

正如熊彼特所言，企业家的本质是创新，企业家组织着产品的创新、市场的创新、原材料的创新、生产方式的创新以及组织制度的创新。在此种范畴之下，我们有理由认为未来企业家将是技术知识、商业头脑与创意才思融合为一的人。

## 二、何以成为未来企业家

### （一）制度创新和技术创新同等重要

“创新乃当今商界的制胜之道。”这句话已成为今天的管理者所面临的一个突出问题。企业家创新能力，主要指企业家将自身独特的创造性思想转换为现实生产力的能力大小，既包括克服技术难题，也包括智能组织的创新。与其他企业渐进性的创新不同，海尔大刀阔斧颠覆传统组织架构，建立创客平台，从普通员工到公司“老板”，充分挖掘每个人的创新潜力。从人力资源实践到组织结构和文化，企业家的创新无所不在：引进创造性员工，对创造性员工允许试错，对其予以高工作保障，进行创造性的培训和开发；提供富足的试验资金，投入巨资购买和奖励创新成果并承担失败的损失；接受风险，对员工的控制少，重结果轻手段，强调开放，容忍不切实际。海尔总裁张瑞敏曾说，企业竞争力的实现取决于创新的细胞。

（二）保持对时代变化的高度敏感性

未来企业家诞生于时代的土壤之中，必须对时代变化保持高度敏感。众所周知，图形界面的引入为苹果的成功发挥了不可替代的作用，但这项技术最早却来自施乐，引入这项技术的人正是乔布斯。乔布斯曾经与苹果公司同事到施乐公司参观图像技术，在施乐公司特斯勒展示全部的成果时，乔布斯敏锐地发现了其中的机遇，他认为施乐公司就像坐在一座金矿上却没有好好利用，乔布斯迅速将此技术引入苹果。乔布斯本人算不上是个工程师，但他对时代变化有着非同寻常的敏感。尽管此次学习被称为“工业史上最严重的抢劫行为”之一，但也成就了“苹果教父”乔布斯和颠覆手机行业的苹果公司，同时成就了图形界面技术。

（三）化隐形资本为有形资本

企业家人力资本是一种边际报酬递增的生产要素，它是由“新的生产要素”经“资本化”形成的。企业家人力资本不仅具有普通人力资本的特性，能够创造价值，而且具有其特殊性，这种特殊性主要来自于企业家本身的天赋特质、长期积累起来的隐性知识、社会关系、社会网络、社会声誉、人格特征等。企业家潜在的具有科技创新能力和自主知识产权的技术资本，是企业家具有卓越创造力和管理胜任力的一种隐形的“智力资本”和“社会关系资本”。

将这种隐形资本转化为显性资本，是构成未来企业家的核心要素，也是未来企业的创新之路。曾经轰动一时的天九伟业集团企业家孵化器，以企业家的素质发现和隐形资本激励为基础，对这种转化进行了探索，其成效是明显的，一个企业家集群就此产生。企业家所拥有的知识、技能和经验成为企业共享的资源或资产，这种共享的知识与组织其他资源或资产相结合，产生巨大的人才效应。

## 第二节 从华大出走说起

2015 年 12 月 18 日晚，在经过了近两年的努力后，华大基因终于在最新披露的 IPO 排队名单中现身。它想登陆创业板，计划拿 4 000 万股募资 17.32 亿元。然而就在华大基因递交 IPO 申请材料的前夕，华大基因 CEO 王俊、华大科技 CEO 李英睿、华大基因 COO 吴淳、华大基因 CIO 黎浩等核心高管层的四位成员集体离职，加入基因创业之中。

出走的四位高管，仅仅是华大离职创业者中的一小部分。在中国的基因组学应用行业，华大基因是名副其实的“黄埔军校”。在这个行业里，几乎所有稍具知名度与影响力的企业，皆由华大离职者创办。过去数年来，华大的管理层、销售骨干、实验室骨干，如星星之火般向外播撒，几成燎原之势，离职群体被外界冠名以华小及华创。

从一家红旗下的科研机构，到以基因为基础的商业帝国；从靠政府输血，到 200 亿元估值的行业巨头……究竟是什么成就了华大基因的这种现象呢？

## 一、出走体制，那些不得不说的事

1999 年 9 月 9 日，北京华大基因研究中心宣布成立，隶属于中科院。在“以任务带学科、带产业、带人才”的宗旨指导下，华大完成了国际人类基因组计划“中国部分”、国际人类单体型图计划、水稻基因组计划、家蚕基因组计划、家鸡基因组计划、抗 SARS 研究、炎黄一号、大熊猫等多项基因组科研工作。

### （一）出走中科院，南下深圳

2006 年，国际上新一代的基因测序仪问世，测序效率较以前提高了 100 多倍，且成本更低。华大基因负责人汪建觉得测序技术的进步将出现拐点，整个行业将迎来巨变，他决定采购 5 台新仪器。中科院并不这样认为，新仪器购买未遂。2007 年，汪建辞去北京基因组研究所副所长职务，率华大南下深圳，深圳政府的支持是承诺三年每年给 2 000 万元。2010 年，深圳市促成国开行给了华大基因 15 亿美元的贷款额度。华大基因利用其中 6 亿元人民币，从 Illumina 购买了 128 台测序仪 Hiseq 2000，一举成为全球最大基因测序机构。

2013 年，深圳设立了无创产前基因检测产业科研基金，允许有资质接受政府部门监管的科研机构对先进的基因检测技术先行先试。同时，规划东部沿海大鹏、盐田及坪山地区的 50 平方公里[㊀]区域，用于建设一个国际化的生物产业基地，华大基因总

㊀ 1 平方公里 =1 000 000 平方米。

部就在其中。

2009 年，华大基因的收入是 5 000 多万元，到了 2010 年，其营收一举超过 10 亿元。很长一段时间，大家都在琢磨，这究竟是一家科研机构、一家事业单位，还是一家民营企业？其创始人汪建称，2011 年国家经费的支持占华大基因总投入的百分之十几，2012 年就已经不到 10% 了。

（二）基因行业的人才收割机

华大之所以能够成为基因行业的黄埔军校，首先是因为华大用人不讲资历，不讲文凭，积聚了一群非常有潜力的天才。

华大科技 CEO 李英睿，2006 年在北大生科院读大二时来到华大实习，2007 年，华大基因从北京搬到深圳，李英睿辍学跟着到了深圳，在 2010 年就已经是华大基因研究院科学体系的负责人、首席科学家了。2008 年至今，他在《自然》《科学》等权威科学杂志上发表了 50 多篇论文，一直在和国际顶尖高手过招。2008 年年底，在华南理工大学读大三的李俊桦，偶然听了李英睿的讲座，就成了第一届华大创新班的学生。2009 年，赵柏闻还是北京人大附中一名高二的学生，暑假到华大实习；2010 年，一脸稚气的赵柏闻成了华大国际 IQ 项目的负责人。

华大人才现象让比尔·盖茨都惊讶不已。2012 年年底，在华大基因和盖茨基金会签署合作备忘录的会场上，盖茨说他见过很多人没上完大学就创业，“但我没见过像华大基因这样，没上过大学就去做研究，而且做得这样出色”。

华大开始在世界范围内与各个高校、机构建立合作，中科院、农科院、加州大学、盖茨基金会……它像一个工厂招聘工人一样，找来了大批科研人员，向各个高校、机构提供基因检测服务。2012 年，华大的员工超过了 4 000 人，大量本科、硕士和博士毕业生来到华大。

## 二、华大出走给我们的启示

中国科学技术发展战略研究院的数据显示，中国有着丰富的人才储备库。“十二五”以来，我国研发人员已由 2010 年的 255.4 万人增加到 2014 年的 371.1 万人；“十二五”前四年，我国累计培养博士毕业生 20.9 万人，年度海外学成归国人员由 2010 年的 13.5 万人迅速提高到 2014 年的 36.5 万人。2014 年，我国全社会研发人员按全时当量计算达到了 371.1 万人的历史最高水平，其中各类政府研究机构 37.4 万人，高等学校 33.5 万人，企业 289.6 万人。

如此丰厚的人才资源宝库，何以转化为高效的人才增长力？

### （一）知识工作者的春天

前文我们讨论过，未来的智慧工业将以知识资本为核心生产要素。随着新技术的发展，一个以知识产出为本职工作，以知识资本的价值最大化为目标的知识阶层产生。汪建曾坦言，华大不可模仿的地方就是，一篇《自然》论文能够给华大带来上亿元的收入。

2000 年，加拿大学者弗朗西斯·赫瑞比在《管理知识员工：挖掘企业智力资本》一书中提出“知识型员工”的概念，这类员工“通过自己的创意、分析、判断、综合、设计，给产品带来附加值”。此种模型中，人才的主要工作就是利用知识资本和创造知识，为知识资本增值。

2009年，温家宝同志在一次国务院常务会议上强调，要加大改革力度，以企业为主体，促进产学研用紧密结合。2013年9月，中共中央政治局第九次集体学习时，习近平同志就实施创新驱动发展战略提出5个方面的任务，其中包括打通人才流动、使用、发挥作用中的体制机制障碍，最大限度支持和帮助科技人员创新创业。2014年，“鼓励科研人员创办企业”被写入政府工作报告。盘活科研人员的创新活力已经成为政府的一项重要决策。

我们有理由断言，知识工作者的春天已经来临。

（二）正确评估人才

《2014—2015年度学科发展报告》显示，目前全国5 100家大专院校和科研院所，每年完成科研成果3万项，但其中能转化并批量生产的仅20%左右，形成产业规模的则仅有5%。而发达国家的科技成果转化率可以高达70% ~ 80%。2015年，我国论文SCI数据库收录科技论文26.35万篇，稳居世界第二位。为何如此高的论文产量，匹配的却是如此低的成果转化率？

一个很重要的原因就是科研人才的评价只看论文。即使科研成果转化为巨大的经济效益、产业效益、社会效益，也无助于学术评价。同时，科研经费机制也不鼓励创业，因为其中“只有研究经费，没有转化经费”。

华大几乎都是游离在体制之外的人，逃离体制的创始人汪建、辍学的李英睿、读研的王俊、高二的赵柏闻……华大用人坚持不讲资历，不讲文凭。那些天赋极强的年轻人在华大获得了最好的资源和训练、充足的科研经费、顶尖的科学家导师，年纪轻轻便成为行业的精英人物，与世界各国高手过招。

我国清代思想家认为，从社会上的优秀人才占什么位置，可以大致判断出这是一个怎样的社会。正确评估人才，是一个社会健康发展的必然。破除科研人员身份之“篱”，以市场手段还利于科研人员，以行政手段打造公平公正的创业环境，才是促进科研人员走向创业一线的关键所在。

（三）一流的科研，一流的产业

2007年之前，华大基因是中科院附属的一家事业单位。在2012年之前，华大基因是一家民间研究院，为高校、医院、科研院所提供基因测试服务；2012年后改组成立了一系列公司，让科研的归科研，商业的做商业。2016年，华大基因、阿里巴巴、英特尔联合推出新版精准医疗云平台，运用云计算技术重构医学科学创新体系并打造协作与交流平台。

华大一路高歌猛进，让我们看到了科研与产业融合是可行的，一流的科研也可以成为一流的产业。2014年，李克强同志在政府工作报告中提出，强化企业在技术创新中的主体地位，鼓励企业设立研发机构，牵头创建产学研协同创新联盟，为科研与产业搭建制度的桥梁。新一代信息技术进一步加速了这种科研与产业的融合。

在华大的发展中，深圳市政府的作用不容忽视。我们没办法设想如果华大当初没有出走，将发展至何处，中国的基因事业将发展至何处。唯一不可否认的是，深圳市给华大基因的支持每一次都显得强有力和至关重要。根据媒体公开报道，深圳市政府非常注重引导产学研用结合，从2009年的《深圳生物产业振兴发展规划（2009—2015年)》和《深圳生物产业振兴发展政策》，到2011年的深圳基因产学研资联盟，产业转化能力始终被放在重要的位置。

## 第三节　蓝领稀缺说明了什么

深圳一家企业为高级钳工开出6 000元的月薪仍未能如愿；青岛一家制造公司开出年薪16万元的“天价”，招一名高级模具技工，应聘者寥寥；杭州汽轮机厂将数控机床工人的月薪提到6 000元，在人才市场上仍一无所获；北京市人力资源和社会保障局调查发现，每一个高级技师有7.33个岗位等着他。

2016年11月3日，由摩根大通支持、清华大学和复旦大学合作完成的《中国劳动力市场技能缺口研究》报告在京发布。报告指出，中国宏观经济结构转型和产业升级进程不断深化，中国正在向价值链上游转移，中国因此对高技能劳动力的需求也不断上升。但另一方面，根据人力资源和社会保障部的数据，技能劳动者数量目前只占全国就业人员总量的19%左右，高技能人才则占5%。同时，中国劳动力供给存在人才层次矛盾显著，低学历未技能智能化，高学历却低能化的问题。技能人才资源缺口日益扩大。

## 一、蓝领稀缺不是偶然

一方面是智能化发展，机器取代大部分的车间一线工人；另一方面，高级技工人才缺口扩大，出现蓝领稀缺的现象。这种劳动力供给与市场需求的矛盾并不是偶然，而是有复杂的经济和社会原因。

### （一）劳动力供应不足

改革开放后，廉价的劳动力、廉价的土地，加上以房地产为轴的一揽子消费刺激，支撑起了中国现代化基础设施建设，也搭起了完整的工业制造体系。

2004 年沿海地区出现招工难，普遍认为是制度性的、结构性的因素造成的。接下来愈发严重的民工荒扩展到了全国。尽管 2004 年到现在农民工的工资以平均每年 12% 的速度在增长，但是招不到农民工还是主流状况。

### （二）人力资源结构不合理

据统计，我国城镇的 1.4 亿名职工中，技术工人只占半壁江山。其中，初级工所占比例高达 60%，中级工占 35%，而高级技工只占到 5%，这与发达国家高级技工占 40% 的比例相去甚远。这一缺口不仅集中在机械、建筑、印刷等传统行业，更大量集中在电子信息、环保工程、工艺美术等高新技术产业。据悉，仅我国软件行业的高级技工缺口就达 42 万人。

目前，北京、上海、江苏等地的大学毛入学率已达到或超过 40%，提前进入了高等教育大众化阶段。而参照工业发达国家经验，进入这一阶段的教育主体应该是高等职业教育，并非普通高等教育。这和我国传统教育模式只注重培养精英型人才不无关系。

（三）重脑力轻体力的人才观

技术工人是指那些在生产第一线从事操作类、重复性劳动的非管理专业技术人员，包括在第三产业中从事简单劳动的一部分技术人员。他们中的高级技工往往是企业中的关键人物。但是，他们在企业内的报酬和企业外的社会地位却不断下降。

广州市天河区教育部门在对 1 200 名职中学生进行职业理想调查时发现，仅有 1.4% 的学生首选职业为技术工人。有一些专家早已指出，造成这种现象的重要原因就在于我们的社会和企业没有把技术工人当作“人才”来对待。社会不关注他们，企业不重视他们，使他们无形中变成了难以得到社会承认的群体。

这种普遍重视“精英”教育而忽视大众教育的倾向，引发了人才市场上的“高消费”现象，很多用人单位把录用条件规定为大学本科以上，使大专层次的高职毕业生处于被动境地。“重普教，轻职教”的现象依然突出，致使高职院校社会认可度低，没有地位，这种社会价值取向与职业教育在提升技术水平和提高社会生产力方面扮演关键角色的不可替代性形成强烈反差。

## 二、蓝领短缺带来什么

技术工人的短缺给我国经济发展带来许多问题。许多企业拥有了先进的技术或装备，却迟迟无法形成相应的生产能力。这种状况与技术工人水平不高，无法真正掌握先进技术有着直接关系。一个创新的技术要真正获得市场意义的成功和用户的认可，研发的功劳只占不到30%，更重要的是生产、销售、质量控制、服务等环节的协同配合。而在这里，技术工人的生产技术水平就显得尤为重要了。

目前，一方面是建立在落后工艺基础上的初级产品过剩，另一方面是技术含量高的高档产品需大量进口。高级技工的缺乏造成我国生产能力在低水平层次上过度扩张。我国要改变低附加值、低技术含量的产业以及传统产业生产能力过剩，而高附加值、高技术含量产业生产能力严重不足的局面，就必须培养大批适应高新技术发展需要的技术工人。第二次世界大战后，日本之所以能够经济起飞，成为世界的制造中心，与其确立了“技术立国”的发展战略，全社会高度重视技术工人分不开。

## 三、如何打破蓝领稀缺的魔咒

2015年5月8日，国务院印发《中国制造2025》，将人才为本列为基本方针，坚持把人才作为建设制造强国的根本。事实上，不仅我国对高技能人才需求紧迫，西方发达国家同样对技能人才求贤若渴。世界经济论坛与德勤有限公司联合发布的研究报告《制造业未来：机遇推动经济增长》估计，技能人才缺口全球已达1 000万，主要集中于技术工人、熟练生产工人、工程技术人员、设计工程师等。

自2008年金融危机以来，不少发达国家纷纷颁布高技能人才国家战略，把重视职业教育、培养高技能人才作为提高产品竞争力的战略举措。美国提出要打造世界一流的劳动力，重返制造业巅峰，实施了一项 6 亿美元的就业培训计划，着力培养高技能人才。英国发布的“为可持续发展而提高技能”和“为可持续发展而对技能投入”两个技能开发的战略性文件指出：技能对于英国在全球竞争中具有重要作用，未来的经济发展动力来自于高技术人才的储备。德国提出实施工业 4.0 国家战略，旨在通过打造智能制造的新标准，稳固全球制造业的龙头地位。

（一）必须重视培养技术应用型人才

在经济发达国家的专门人才中，高等实用型人才与学术型、研究型人才的数量比大约是 4∶1，呈金字塔形。而在我国，源源不断走出校门的毕业生，却是一个“倒金字塔形”。2016 年全国高职录取工作表明，多数高职院校生源不足，这种现象与我国制造业快速发展的状况是不符合的。人们常常慨叹英国、德国等发达国家经济发展快、后劲足，殊不知，它们的秘诀之一就是依靠职业技能开发，培养掌握现代科学技术的第一线劳动者，即大规模地培养技工。其学生在上初中时就开始学习职业技能，不仅学士，就连硕士、博士就业前都必须拿到符合相应岗位要求的职业资格证书。高技能人才是技术工人的优秀代表，是现代科技成果向现实生产力转化的骨干力量，也是人才队伍的重要组成部分。

政府应加大对高职教育的经费投入，推动企业参与职业教育和高技能人才培养，通过制定现实可行、操作性强的法律、法规或政策，逐渐使企业从被动参与职业教育转变成为自觉行为。充分调动企业界和用人单位的积极性，促使全社会都来关心职业教育。

学校要培养全面发展的高技能人才，尊重以人为本的发展规律和认知过程，包括学生的上岗能力、岗位迁移能力和个人可持续发展能力。职业教育具有特殊性，加强师资队伍建设，做好教师“双师型”培养计划，并根据条件逐步实施，用送出去或请进来的方法对现有高职专业教师进行再培训是技能培训最有效和最直接的方式。

（二）最后一公里的服务业

2013 ~ 2015 年，我国第三产业增加值增速分别为 8.3%、7.8% 和 8.3%，2016 年上半年增长 7.5%，7 月份服务业生产指数增长 7.8%。服务业占 GDP 的比重不断提高，2012 年首次超过第二产业，2016 年上半年进一步上升至 54.1%，占据“半壁江山”。产业结构改变必然带来就业结构的转变，1994 年，我国服务业就业人口占全部就业人口的比重达到 23%，超过第二产业；2011 年，比重上升至 35.7%，超过第一产业，成为吸纳就业最多的产业。

服务业发展畅通了劳动力禀赋与经济机会相结合的渠道，延长了我国的“人口红利”。近年来，我国工业企业用工需求有所减弱，但由于服务业发展较快，农民工用工总量继续保持增加势头，2015 年增长 1.3%。特别是经济结构由工业主导转变为服务业主导后，人力资本密集型的生产性服务业具有加快发展的趋势，大量的就业者被吸纳进去，充分释放活力。

互联网发展更是催生了新的经济模式。

海尔总裁张瑞敏在《致创客的一封信》中写道：“零距离”“去中心化”“分布式”的互联网思维把我们带进一个充满生机与挑战的人人时代，一个人人创客的时代。“在互联网时代，每一个人都是自己的CEO，每一个人都应该成为创业家。”

以滴滴出行所代表的“零工经济”模式为例。零工经济是指由工作量不多的自由职业者构成的经济领域，利用互联网和移动技术快速匹配供需方，主要包括群体工作和经应用程序接洽的按需工作两种形式，它能够极大地解放人力资本，为人力资本的释放带来了新动能。截至2016年4月，滴滴出行专车、快车、顺风车、代驾的司机总量已超过了1 330万，逐年增长率达到600%，占整个中国移动行业就业的4.2%。其中，75%的司机利用滴滴出行的平台做兼职。在收入显著增长的司机群体中，有78.1%的司机收入提高了10%以上，39.5%的司机有30%以上的收入提升。

我国企业信息化专家杨青峰在描绘未来的经济发展蓝图时提到，人力资源将向两部分转移，一部分知识丰富的人员从机器中解放出来，成为知识工作者，进行创意性工作；另一部分一线工人的工作由机器替代，自己则转化为新型经济的服务力量，通过创业或零工经济模式，成为一个小微服务商，提供从工厂到最后一公里的服务。

未来的蓝领，也许应该更名为服务业创业者。

# 第八章
# 强 国 引 擎

## 第一节　GDP 与 R&D

2016 年 11 月 10 日，国家统计局、科技部、财政部联合发布《2015 年全国科技经费投入统计公报》，数据显示，2015 年全国研究与试验发展（R&D）经费支出 14 169.9 亿元，比上年增加 1 154.3 亿元，增长 8.9%；研究与试验发展（R&D）经费投入强度为 2.07%，比上年提高 0.05 个百分点，但仍然未达到 2015 年的预定目标 2.1%。要达到《国家中长期科学和技术发展规划纲要（2006—2020 年）》确定的 2.5% 的目标，任重道远。

### 一、一个新经济指标

2016 年，中国实现 6.7% 的 GDP 增速。由于采用新的核算方法，将 R&D 计入 GDP，公布的 2016 年上半年国民经济运行数据格外引人关注。

#### （一）未来的增长来自哪里

2015 年 3 月，中共中央、国务院出台了《关于深化体制机

制改革 加快实施创新驱动发展战略的若干意见》，其中第 28 条提出，“改进和完善国内生产总值核算方法，体现创新的经济价值。研究建立科技创新、知识产权与产业发展相结合的创新驱动发展评价指标，并纳入国民经济和社会发展规划。”与以往的唯 GDP 总量论英雄不同，我国经济进入新常态，开启了国家层面的宏观调控的创新，调整经济发展新的评价指标，以追求经济增长的效益和质量。

一直以来，GDP 被公认为是衡量国家经济状况的最佳指标。它包含一定时期内（一个季度或一年），一个国家或地区的经济中所生产出的全部最终产品和劳务的价值，被决策者用来作为判断经济走势、决定政策取向并精细调整力度与预测的依据。这个被称为 20 世纪人类最伟大的发明之一的经济指标，很长一段时间内都被认为是一个国家的经济表现，是一国国力与财富的标志。

2013 年 7 月，美国在世界上率先迈出了重要的一步——美国商务部的经济分析局（BEA）公布了采用新的统计口径和方法修整的美国 GDP 历史数据。这次系统修整将企业、政府和非营利机构在 R&D 上做出的开支处理为固定资产，将 R&D 支出当作投资计入 GDP，在国际上引起很大的反响。目前，只有少数发达国家将 R&D 计入 GDP 总量。我国在 2016 年上半年的 GDP 核算中也开始采用这一方法，从统计角度定量测算我国科技创新对经济发展的贡献率。

那么，R&D 代表一种怎样的增长方式呢？

20 世纪 70 年代经济合作与发展组织提出了 R&D 的概念：

在系统研究的基础上从事创造性的工作，为了增加知识总量（其中包括有关人文和社会知识的总量）以及利用这些知识去创造新的应用进行的创造性活动。它既与科学家的行为相联系，把客观现象和知识原理加以澄清；也与发明家、工程师及技术开发人员的行为相联系，将已知的、可控制的知识或技术加以新的应用。R&D 活动包括基础研究、应用研究、开发研究，它既是系统性的，又是创新性的。我国在 20 世纪 80 年代后期开始将 R&D 纳入国家统计范围，其统计内容和范畴与国际标准基本一致。

2016 年 6 月 29 日，中国科学技术发展战略研究院发布《国家创新指数报告 2015》，用以反映国家综合创新能力。国家创新指数中将 R&D 经费投入强度（R&D 与 GDP 的比重）和 R&D 人员投入强度（每万人中 R&D 人员数）作为判断国家创新能力的重要指标。国际上大多数国家都采用这一组数据，以此衡量一个国家的科技规模和投入强度，以及国家经济增长的潜力和可持续发展能力。

### （二）R&D 能促进增长吗

国际上通常采用 R&D 活动的规模和强度指标反映一国的科技实力和核心竞争力。R&D 活动是技术进步的源泉，增加 R&D 投入是促进经济持续发展的必要途径。一国的 R&D 水平体现着一国的政治经济实力，一个企业的 R&D 水平体现着一个企业的竞争力。国际上的著名企业都把 R&D 视为企业的生命，无不投巨资于 R&D。资料显示，1996 年，通用汽车（GM）的 R&D 经费为 64.13 亿美元，占销售额的 5.6%；朗讯（Lucent）的 R&D 经费为 41.19 亿美元，占销售额的 11.6%。在日本，不少企业对

R&D 的投资已经超过了对固定资产的投资。海尔就是靠 R&D 形成了企业的核心竞争力。

事实上，经济学家很早就意识到了 R&D 对技术进步和经济增长的推动作用，大量实证分析的结果也验证了 R&D 对实际产出和全要素生产率的促进作用。近年来，诸多经济学家都将创新、研发与内生经济增长联系起来，衍生出 R&D 驱动的经济增长理论。该理论认为内生的研发和创新是推动经济增长的源泉，而 R&D 是最为核心的创新资源。

从全世界 209 个国家和地区的统计数据看，有 R&D 活动的国家总计有 97 个，R&D 经费占 GDP 的比重超过 1% 的国家只有 31 个，这 31 个国家的人口总数只占全球的 38%，但 R&D 经费总量占全球的 96%，GDP 总量占全球的 83%。这说明各国经济强弱主要取决于科技水平，而不是人口资源和自然资源要素。从美国的确保在全球科技领域全面领先的战略，到日本重视技术立国和知识产权立国的发展战略，事实上它们的国际竞争力与 R&D 投入规模和强度正相关。即使在我国各省份之间，这种正相关依旧成立。相关统计表明，经济水平较高的地区，R&D 投入强度也较高：2015 年，北京、上海、天津、江苏、广东、浙江、山东等地，R&D 投入强度均超过 2.0%。

## 二、从数据看中国 R&D

### （一）中国 R&D 增速领跑全球

2015 年，全国 R&D 经费支出 14 169.9 亿元，比上一年增加 1 154.3 亿元，同比增长 8.9%。2000 ~ 2014 年，中国 R&D

经费年均增速高达16.4%，大幅领先于世界其他发达国家。根据《国家创新指数报告2015》，2014年中国R&D经费为2 118.6亿美元，稳居世界第2位，占全球份额由2000年的1.7%大幅提升至14.4%，与美国的差距进一步缩小，但仍远远落后于美国。部分国家R&D经费占世界份额见图8-1。

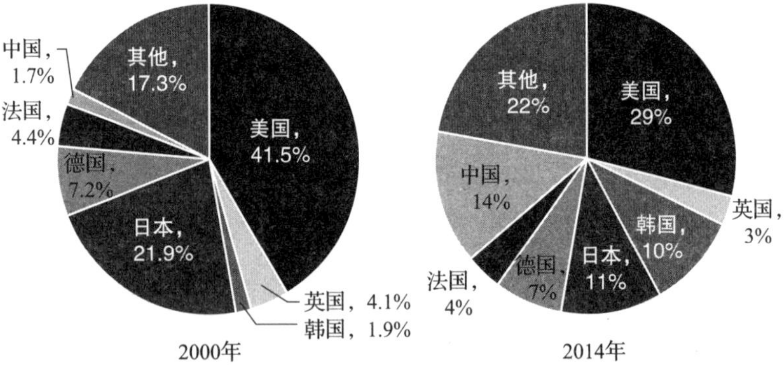


图8-1 部分国家R&D经费占世界份额

数据来源：中国科学技术发展战略研究院。

2014年，中国R&D人员总量为371.1万人，连续8年位居世界首位，占全球R&D人员总量的31.3%。2000年以来，中国R&D人员总量年均增速达到10.5%，明显高于全球R&D人员3.6%的年均增速。

2014年，我国R&D经费投入强度达到历史最高水平，为2.05%，超越欧盟总体水平（1.94%），位列第15位。其中，北京R&D达到5.95%，上海R&D达到3.66%，仅次于R&D经费投入强度长期处于世界较高水平的韩国（4.29%）和以色列（4.11%）。尽管2015年我国R&D经费投入强度再次提升至

2.07%，但仍没有达到《国家中长期科学和技术发展规划纲要（2006—2020 年）》确定的 2.5% 的目标。

无论是从总量还是从增速上来看，我国的 R&D 经济投入和人力资源投入都位于世界前列。这和国家的创新驱动发展战略不无关系。从《国家中长期科学和技术发展规划纲要（2006—2020 年）》到《国家创新驱动发展战略纲要》，面对未来科技发展和国际政治经济形势演变带来的机遇与挑战，我国日益认识到国家的繁荣富强和持续发展主要取决于国家创新能力的培育和积累，而不是人口数量的多少和自然资源的贫富。唯有不断增加科技创新资源投入，力图增强自己的创新能力，才能够走上“科技强国”之路。

### （二）与世界发达国家的差距

尽管在世界范围内中国 R&D 投入总量与增速都有相当大的规模，但是我国的 R&D 投入强度却排到了 15 位，我国创新能力位列 18 位。如此大的差距，表明我国 R&D 发展与投入并不十分平衡。不止一项统计显示，即使和发达国家同一发展阶段相比，我国的 R&D 投入规模与结构仍有明显的失调现象。

#### 1. 基础研究投入强度过低

从世界发达国家的情况来看，其投入到基础研究的支出一般情况下所占 R&D 项目总支出的比例为 10% 以上，美国的这一比例为 20%，日本是 12.5%，而中国 2010 年仅为 5.2%，最高的时候（2011 年）也仅仅只有 5.7%。同时，我国基础研究总投入中，企业投入仅占 1.6%，与美国、欧盟等发达国家和地区（20% 左右）仍有很大的差距。

2. 研发人力投入强度低

近几年研发经费投入规模稳步上升到世界中上游水平，科技人力资源总量和研发人员总量均居世界首位，但科技人力资源培养水平和研发人力投入强度的表现不佳，国际排名多年来一直处于落后位置，没有较明显的转变。2014年，科技人力资源培养水平仅排34位，与高速发展的R&D投入严重不符。

## 三、创新，一直在路上

从发展方式看，世界各国可以大体分为三类：出口资源型、经济依附型和技术创新型，前两类国家具有较大的沦落为边缘化国家的风险，而以技术创新为主要特征的国家逐渐成为掌握国际话语权的核心国家。中国既没有过多的资源可以出口，也不可能走经济依附型的边缘化道路，只能走技术创新型发展的道路。

（一）重视基础性研究

没有今日的基础科学，就没有明日的科技应用。基础科学是创新链的前端，科技前沿最初都是以基础科学的形式展现的。重视基础性研究就是在抢占国际科技创新制高点。如前文提到的华大基因在全球生物基因市场独占鳌头，与重视基础研究不无关系。

重视基础性研究不仅仅需要从国家战略上加大投入，更应当重视企业基础性研究的作用。企业是科技创新最广泛的主体，鼓励支持企业加大基础性研究投入，是企业提升市场竞争力的要求，更是提升我国国际竞争力的要求。

瞄准世界科技前沿领域和顶尖水平，在若干基础研究领域加强前瞻性部署，力争在国际科学前沿领域抢占制高点。这就是面向长远、面向“科学强国”目标的最关键一环。

（二）加大 R&D 人才投入

人才资源是未来经济增长第一资源，是创新活动中最为活跃、最为积极的要素。全球最薄的柔性显示屏、全球市场份额最大的无人机，这些产品背后都有关键性的人才作为领头羊。

按照人才成长规律，营造良好的科学文化和良性竞争环境，努力造就一批世界水平的科学家、科技领军人才和高水平创新团队，是创新战略的重要任务。不仅需要在体制层面上创造公平竞争的环境和利于创新的肥沃土壤，让各类人才脱颖而出，更应当落地落实，充分挖掘人才创新能力和科研转化能力，形成源源不断的人才“泉眼”。

## 第二节　流动的增长力

2016 年一季度，深圳 GDP 增长 8.4%，全市新兴产业增加值达到 1 555.16 亿元，增长 12.1%。2015 年，深圳国内发明专利授权 16 957 件，同比增长 40.84%，平均一天就有 46 件发明专利获得授权。从 20 世纪 80 年代的“80 后”企业华为、中兴，到“90 后”企业腾讯、比亚迪，再到“00 后”企业大疆、华大基因，“10 后”企业光启、柔宇科技，2015 年，深圳国家高新技术企业达到 5 524 家，深圳开放制造空间、创客工场等创客机构达到 107 家，创客人员超过 1 万人。

30 多年前，“三天一层楼”的“深圳速度”创造了发展奇迹，成为中国改革开放的象征；如今， 天 46 件发明专利的“新深圳速度”，则成为中国经济又一次腾飞的新注解。

这种井喷式的经济增长背后，是深圳多年来一直在下的一盘“人才”棋。

## 一、流动的模型：人才集聚效应和知识溢出效应

市场经济条件下，人才资源作为生产要素，同其他资源一样，也遵从市场配置规律，其主要驱动机制是供求机制，在人才市场中具体表现为地区人才资源的供给和需求不平衡，导致人才从一个地区流向另一个地区。人才流动实质上是人才作为理性人的选择行为，是人才就其本身蕴含的人力资本价值所进行的交易行为。这种交易行为有两个结果值得注意。

### （一）1+1 > 2 的人才集聚效应

“引进一个人才，带来一批创新团队和项目，孵化一批科技型企业，培育一个新兴产业集群，催生创新‘核裂变’。”由人及团队、企业、产业、创新，这个逻辑实际上就是人才集聚效应的逻辑。人才集聚效应是指在自我价值实现和利益的影响下，人才流动导致在某一时间段内大量的人才在某一地区或者行业形成聚类的现象。人才间的聚集使得相互间紧密合作、共创盛举，对经济增长有着积极的作用，使得聚集后的人才对区域经济增长作用要大于每一个人才单独作用的总和。

当今社会，城市越发达，经济水平发展越高，人口聚集现象越明显，所以说人才聚集也是评判城市化进程的一大特征。人才的聚集是通过流动产生的，也是经济发展不均衡导致的，人才的聚集直接导致三种结果：

第一，人才交易成本降低。人才聚集的规模化特征导致人才市场和劳动力市场也出现规模化的情形，这样使得人才交易的平均成本降低了。在规模化市场中，人才寻求工作岗位所需的成本在降低，同样企业或组织找到适合的人才也降低了成本。而且，在人才的交流与沟通过程中，信息成本是很高的，但是人才聚集在一起后使得他们彼此之间的空间距离和时间距离大大缩减了，这样既能够大大提升信息效率，使得信息质量有了很好的保障，又能大大降低人才的交易成本。

第二，科研教育水平提高。从人才聚集的聚类性和资源共享性特征可以看出，人才之间能够相互激励和学习交流，推动和提升教育水平及学习效率，进而提高科研教育水平。

第三，人才竞争力提升。人才的聚集能够增加科研水平和创新能力，同时同类别的人才之间也会产生竞争感，每个人才都希望自己是出类拔萃的，他们会不断地学习和提升自己的知识或技能，形成一种很好的科研环境。因此，在人才聚集的同时也提升了整体的科研竞争能力。

### （二）培育：反哺的知识溢出效应

外国学者 Saxenian 认为，对于区域创新活动来说，更为重要的不是人才和知识在区域的聚集，而是这些资源的流动与交流，而保障流动与交流的条件是社会网络。因为在知识流动过程中存在着知识发送者、接收者和传输系统几个要素，这就决定了知识的流动绝非简单的模式，特别是知识本身的隐性性质，使它高度依赖于诸如面对面直接交流、地理邻近性、区域环境、社会网络中的信任关系、个人经历、地区社会文化等影响知识流动的重要因素。

知识转移双方之间关系质量，尤其是知识接收方的社会网络和关系能力将严重影响整个知识转移的效果。知识溢出效应既有正效应，也有负效应。

在正效应中，知识拥有者将自己所有的或部分的知识通过正确的渠道在适当的环境下正确地传递给知识接收者，知识接收者能够很好地理解这些知识，将这些知识为己所用，并加以改进和创新。知识传授者和接收者相互交流、模仿、互动、竞争，建立一个循环的回流机制。在这种模式下，知识技能在企业、产业中的集聚和扩散作用随着高级人才流动而在区域间循环进行，不仅提升了区域间产业的创新优势，提高了区域间竞争能力，而且有助于区域间产业创新优势的可持续发展和经济的进一步增长。

在负效应中，知识拥有者将自己的全部或部分知识尤其是隐性知识隐藏起来，不愿意传递给其他人，或者故意将知识歪曲传递给其他人错误的知识，给予错误的引导，或者在传递过程中受到外部环境的不利影响，无法将知识准确地传递给其他人，或者是知识接收者因为个人的理解能力的差别对知识的理解程度比较低或有所偏差。在这种模式下，知识被隔离，在一次传递之后就终结。

因此，我们必须强调，只有那些与东道主地区具有一些联系的“嵌入型高级人才”才可能作为区域发展的发动机，那些缺乏此种联系的“隔离型高级人才”对区域发展几乎没有影响。

## 二、流动的魅力：盘点深圳人才力

每年44亿元人才工作预算，81条人才新政，178个政策点，2016年4月，深圳市委、市政府出台《关于促进人才优先发展的若干措施》，涵盖人才引进、培养、评价、使用、激励等各个环节，覆盖院士等高精尖紧缺人才、博士后等基础研究人才、高校毕业生等中初级人才、工匠等技能人才以及创客人才等各级各类人才群体。除了财政投入力度大，81条新政在人才松绑、激发市场活力、人才安居、人才服务四大方面都有所突破。《关于促进人才优先发展的若干措施》的178个政策点中，156个政策点属于新增和强化，共占88%。新增和强化的政策点中，人才体制机制改革或政策创新数量最多，达90个，占比58%。

### （一）建在人才上的城市

作为移民城市，人才引进只是深圳人才政策的冰山一角。

1987年，深圳率先鼓励科技人员兴办民营科技企业，鼓励技术要素入股和参与分配，改变了任正非等创业者的命运。20世纪90年代，深圳又围绕人才出台一系列政策法规，如全国第一个技术分红的法规、第一个无形资产评估的法规，进一步释放人才的创造力。2010年实施“孔雀计划”，纳入“孔雀计划”的海外高层次人才，可享受80万～150万元的奖励补贴，并享受居留和出入境、落户、子女入学等多种福利待遇。短短5年时间，“孔雀”纷至沓来——截至2016年6月底，共有1 664名“孔雀人才”被深圳延揽。2013～2015年，深圳连续3年引进留学人员增幅超过40%，2016年上半年同比增幅更是超过50%，累计引进“海归”人才超过7万人。

谁曾想过，36年前，深圳建市之初，全市只有2名技术人员，一个是拖拉机维修员，一个是兽医；而现在的深圳已成为中国最“拥挤”的城市，不足2 000平方公里的土地上聚集了约2 000万人口，有商事主体214.1万户，全国千人拥有商事主体最多。

高端人才聚集，以“人才红利”促进全面创新，增强创新发展的内生动力，让深圳初步走上人才强、创新强、产业强、经济强的发展新路径。

2016年一季度，深圳GDP增长8.4%，全市新兴产业增加值达到1 555.16亿元，增长12.1%，占GDP近四成。比亚迪2015年全球销售新能源车超过6.1万台，以全球市场占有率超过11%的优势摘取全球新能源车年度销量桂冠；大亚湾实验室发现中微子第三种振荡模式；华大基因在《自然》杂志报道人体肠道菌群元基因组构建成果……一批世界级科技突破，都不是花钱从外边买来的，而是深圳依靠人才干出来的。人才为“深圳速度”注入了新的内涵，把深圳变成了全国创新指数最高、最具创新气质的城市。

（二）以深圳为核心的人才生态圈

在毗邻深圳的东莞松山湖，随着订单不断增多，广东大族粤铭的激光设备生产进入一年中的旺季。作为深圳大族激光旗下的高新技术企业，大族粤铭计划着未来要到欧洲建研发中心。这家公司的未来战略着眼于从以前的被动承接欧美生产到未来全面合作。

这是深圳企业创新外溢带来的变化。“华为等大企业正在引导上下游企业提升档次，优秀的企业抱团参与全球产业链竞争，这是东莞经济生态圈最大的变化。”

根据东莞市经信局的统计：2015年，东莞全市共引进内资项目1 989宗，实际投资金额551.97亿元，同比增长40.98%。其中，来自深圳投资的项目协议投资金额为425.28亿元，占比达34%。

深圳综合开发研究院副院长曲建说，与20世纪90年代深圳部分产业向外转移、辐射拉动周边及更远城市的产业发展相似，如今，东莞、中山等周边城市，也日益成为深圳创新驱动的外溢承接地。曲建认为，深圳创新能力向外扩散推广，也是形成创新互利共赢模式的重要契机。

诞生于蛇口、致力于LED电子蜡烛及相关产品研发的深圳市里阳电子有限公司拥有数百项专利，是该行业的世界领先企业。“面对美国的订单，我们只负责研发设计，然后交给东莞的制造商完成生产。”里阳电子董事长李晓锋说，“在这样的模式下，东莞的制造商也成为该领域工艺和技术的引领者。”

深圳的产业、技术、人才向东莞、惠州等城市扩散，带动了整个珠三角创新生态圈的变化。统计数据证明了这一趋势：2015年，东莞新增国家高新技术企业303家，总数达到986家，这一数字比2010年增长了193.45%，成为“世界工厂”转型的重要推动力量。

## 三、让人才流进来

“流水不腐，户枢不蠹”，让人才源源不断流入是创新驱动发展的关键。

（一）创新机制，让禁锢的创新能力持续释放

一位深圳创业者坚定落户深圳的唯一理由就是可以选择民办非企研究院这种全新模式。着力破解束缚人尽其才的体制机制瓶颈，营造宽松自由的创业创新环境是吸引人才的首要任务。从制度上保障创新主体包括股票、期权在内的更多收益，让人才能够自由流动，激活人才创新热情和创新活力，如此才能够形成政府引导、市场主导的人才驱动发展新机制，才能使人才集聚效应、裂变效应不断放大。

（二）企业主导，市场认定

比亚迪总裁王传福认为，市场经济实质是竞争经济，市场化是不断创新发展的动力。建立分级分类人才评价体系和业内人才评价体系，将精力投入到引入多元评价的开放式环境制度建设上来。“发挥政府、市场、专业组织、用人单位等多元评价主体作用，加快建立科学化、社会化、市场化的人才评价制度”，多元化、多维度评价人才。

（三）优化人才发展的生态环境和服务体系，构筑人才高地

高端创新人才是一种稀缺资源，在创新创业时代更是抢手的“香饽饽”。不拘一格引进人才，构筑平台培养人才，优化环

境使用人才，方能营造出良好的人才“生态系统”。在高层次人才的去留上，薪酬已不再是唯一的关键因素，创新创业的整体环境很大程度影响着人才的走向。在做强公共服务的同时，为人才提供针对性、贴身式服务，在人才入户、出入境、子女上学、配偶就业、社保等方面完善政策。倾听人才需求，帮助其打通干事创业所面临的梗阻，令人才舒心、安心，让人才敢想敢干、奋发有为。

# 第四篇

# 探路：复盘制造业

# 第九章
# 直面人才短板

## 第一节　西部“人才家底”

在旧产业式微、新产业兴起的过程中，“人才”扮演着关键的角色。每一次变革，“人才”都是争夺的对象。在经济新常态背景下，国家提出了人才发展体制机制改革顶层设计，企业则应思考自己“需要什么人才”“如何培养人才”“培养什么样的人才”。那我们的人才家底怎么样呢？

为全面、准确地掌握工业人才的现状，发现工业人才队伍中存在的问题，掌握工业人才发展中的矛盾与差距，了解工业人才的供需状况，提出具有参考价值的政策建议，我们成立了工业人才课题组，选取西部欠发达地区云南省进行了个案研究。

课题组分别在昆明市等 9 个州市开展了调查研究，对文山等 30 个工业园区进行了调查，73 个政府职能部门、160 多个企业单位的近 2 000 名工业领域的管理人员、科技人员、技能人员参与了问卷调查。调查共回收问卷 1 300 多份，通过分析数据完成了人才发展调研报告，并据此编制了人才紧缺指数，起草了工业人才发展规划，出台了工业人才发展行动计划。

改革开放以来，云南综合经济实力实现了历史性跨越，先后培育起了较有规模的烟、糖、茶、胶等轻工原料基地，培育出了在中国有重要影响的烟草、旅游、电力、矿产、生物五大支柱产业，“两烟”税利连续多年位居全国第一，实现了由农业主导型发展向工业主导型发展的历史性转变。

近年来，高层次工业人才队伍不断壮大，但现有高层次人才的数量和质量仍不能满足经济社会发展的需要。特别是缺乏生物制药、信息、能源、新材料技术等新兴产业的高层次人才。

## 一、人才总体状况

对于工业人才的基本情况，我们从性别、年龄、学历、职称和职务等方面进行了调研。

### （一）性别和年龄结构

从性别结构来看，工业人才“阳盛阴衰”，男性占69%，女性占31%，可见男性占绝对比例，数量比女性的两倍还要多。

从年龄结构来看，25 ~ 35岁阶段的工业人才最多，占40%；35 ~ 45岁次之，占36%；55岁以上最少，只占1%；25岁以下的则占了13%（见图9-1）。

可见，工业人才以25 ~ 45岁的中青年为主，合计占到76%，这部分人是现在和将来工业发展的基石和中坚力量。

整体来看，工业人才年龄结构不是非常合理。在金字塔的最底层，即25岁以下的人仅占13%，不足以支持今后从青年人才向中青年人才的转变。如果25岁以下人才的比例能够提高，则不仅可以形成一个老年带中年、中年带青年的合理人才发展格局，还可以保障工业发展进入一个良性的循环过程。

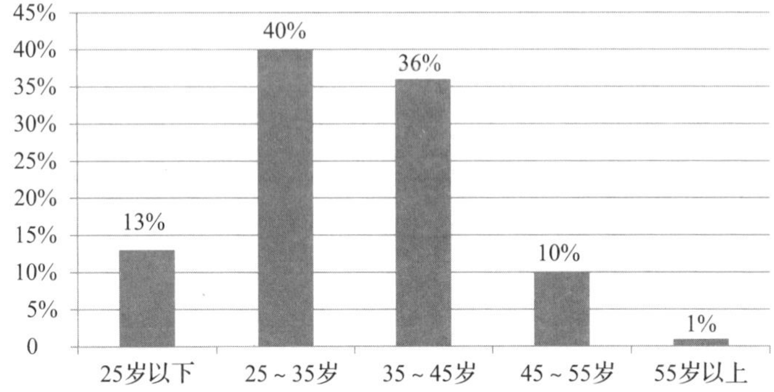


图 9-1　工业人才总体年龄结构

人才储备的不足，高层次人才的短缺，造成了工业产业发展的低端、粗放和低效。

（二）学历状况

从学历结构来看，大专学历最多，占 30%；本科学历次之，占 25%；博士研究生学历最少，只占 1%；硕士研究生学历占 5%；高中及以下学历占 18%（见图 9-2）。

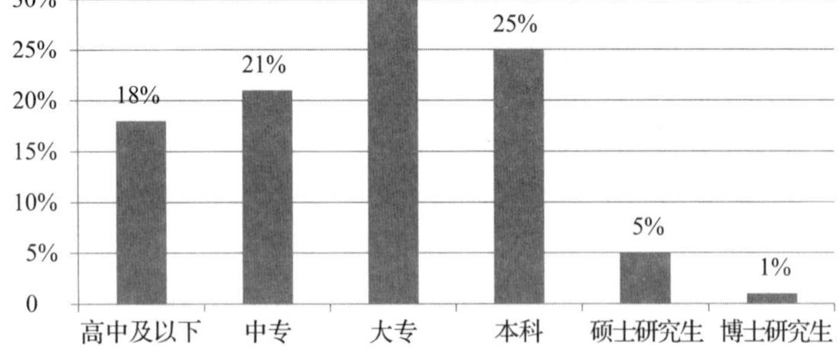


图 9-2　工业人才总体学历结构

可见，工业人才队伍中，研究生以上的高学历人群比例较低，只占 6%，今后需要调整人才引入政策，提高对高学历人才的吸引力；而具有本科学历的人员比例约为 1/3，这与近几年我国高校一直扩大招生比例导致大学生人数持续增加有很大关系；此外，大专以下学历人数比例较高的原因在于，工业企业多属于劳动密集型，大量吸收了这部分人群。

（三）职称和职务状况

中级职称人才的比例为 36.3%；正高级人才比例最少，为 2.1%；初级和未评级的比例非常高，合计约 1/2（见图 9-3）。

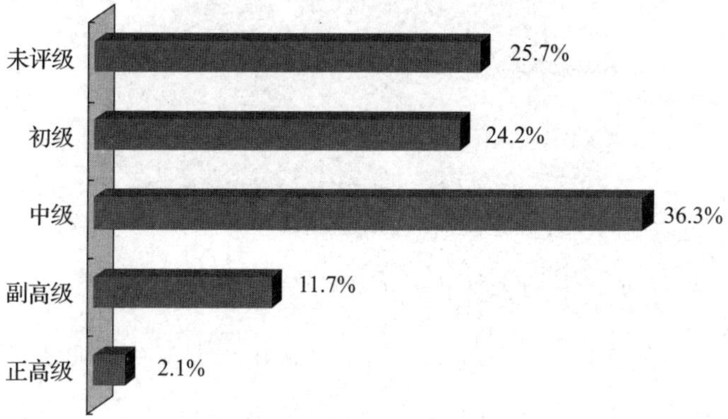


图 9-3 工业人才总体职称结构

从职务结构来看，高管占 10.5%，中层骨干占 37%，基层骨干占 21.5%，职工占 31%（见图 9-4）。

（四）工业人才的生活现状

49% 的被调查者年收入在 1 万至 3 万元之间，年收入 10 万元以上的仅占 6%；年收入 1 万元以下的有 8%（见图 9-5）。

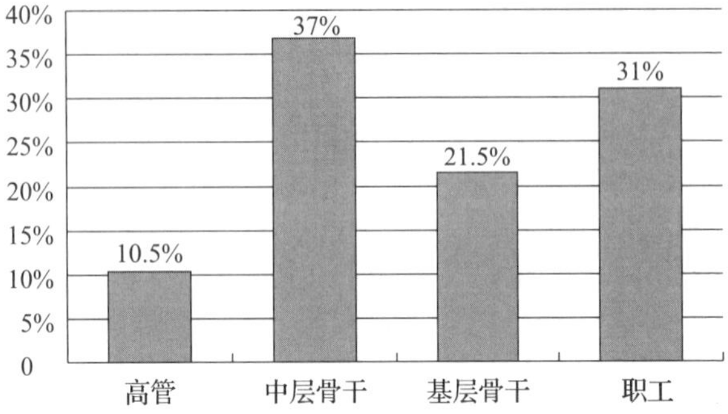


图 9-4 工业人才总体职务结构

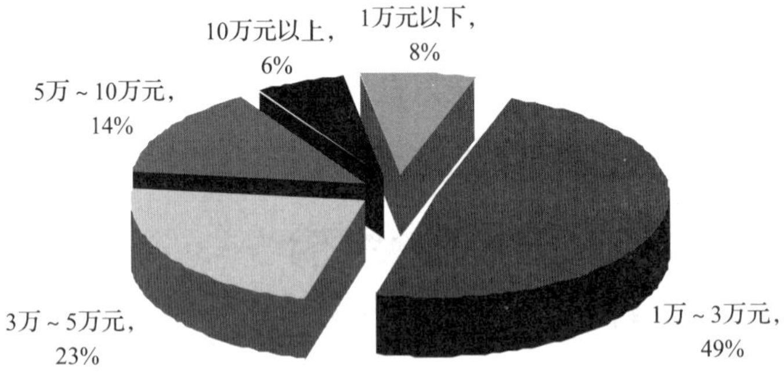


图 9-5 工业人才总体收入状况

统计数据显示，与社会平均水平相比，大部分工业从业人员的年收入高于社会平均工资，说明工业属于较明显的优势行业，工业从业人员的生活状况普遍高于当地平均水平。

（五）工业人才的工作现状

1. 所在单位类型

调查结果显示，50.4% 的工业人才来自国企，其次是行政管理部门，占了 27.1%，还有 13.8% 所在单位属于社团组织，有 7.9% 的单位属于民企，几乎没有在外企工作的（见图 9-6）。

这说明工业人才主要集中于国有企业和行政管理部门（共占比77.5%），这两类部门都具有国家和政府背景，工作比较稳定，失业下岗的概率很低，但是相对民营企业和外企来说收入不高，也缺乏完善的激励约束机制。

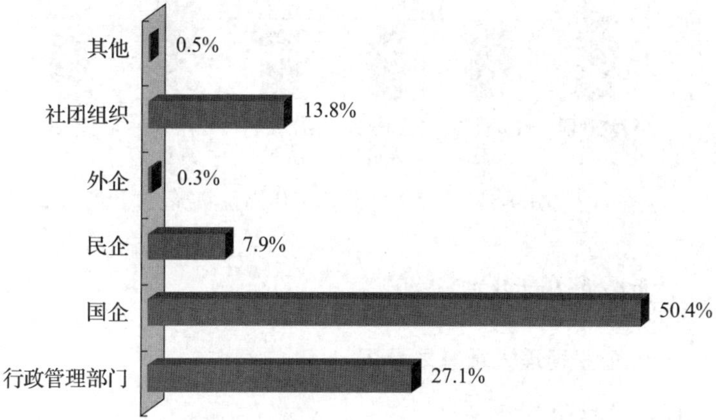


图 9-6 工业人才总体所在单位状况

这反映出工业人才大多以追求稳定为主要目标，观念相对保守，这不利于工业的转型升级，也不利于发展民营企业，创新创业的动力不足。

2. 工作岗位

工业人才中有 33.3% 属于企业技术人员，主要从事生产和管理工作；有 33.9% 属于行政管理人员，这个比例有些过高，如此多的行政管理人员势必会造成效率低下、人浮于事；此外，有 10.1% 属于财务管理人员，9.5% 属于后勤服务人员，5% 属于销售经营人员，销售经营人员占比较低，说明工业企业市场化程度低，市场意识较弱（具体见图 9-7）。

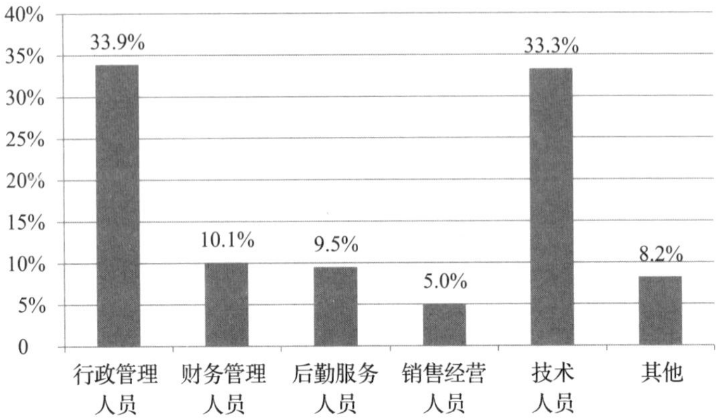


图 9-7 工业人才总体工作岗位状况

## 二、工业企业人才状况

（一）企业管理人员基本状况

1. 人员结构

调查显示，关于企业管理层的人员结构，高层管理人员所占比例为 11.8%，中层管理人员所占比例为 36.5%（见图 9-8）。按照世界 500 强公司的惯例，管理层中的这种高级和中级管理人才的比重结构是比较符合普遍规律的。

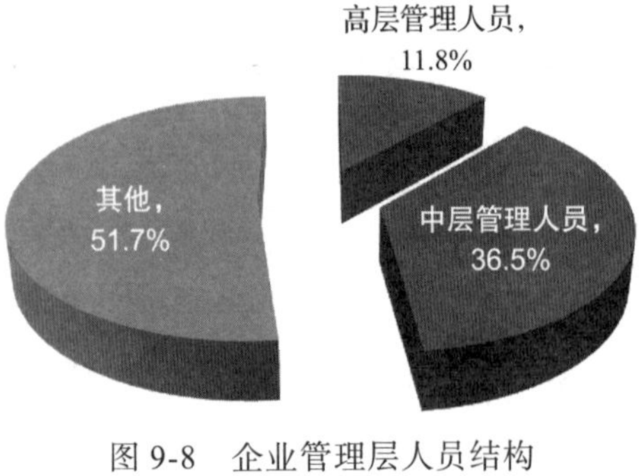


图 9-8 企业管理层人员结构

2. 学历构成

企业管理人员的学历构成是，研究生占约4.6%，本科占25.2%，专科占32.1%，高中占35.5%，其他占2.6%（见图9-9）。专科以上学历的管理人员仅占61.9%，说明经营管理人才的学历教育普遍较低。

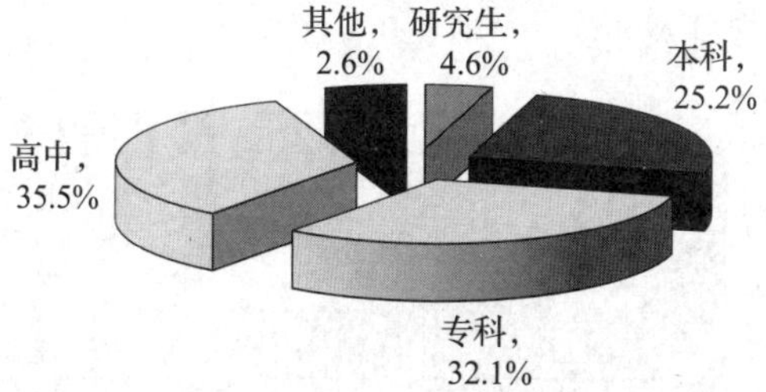


图9-9　企业管理层人员学历结构

3. 性别构成

经营管理人才的性别构成为，男性占80.5%，女性占19.5%。虽然女性偏少，但这样的构成符合工业产业特征，基本合理。

4. 年龄构成

经营管理人才的年龄构成为，20～30岁占7.25%，30～45岁占48.25%，45岁以上占44.5%（见图9-10）。这说明经营管理人才队伍年龄构成比较合理，既有经验丰富的年长者带路，又有中青年储备人才接上。

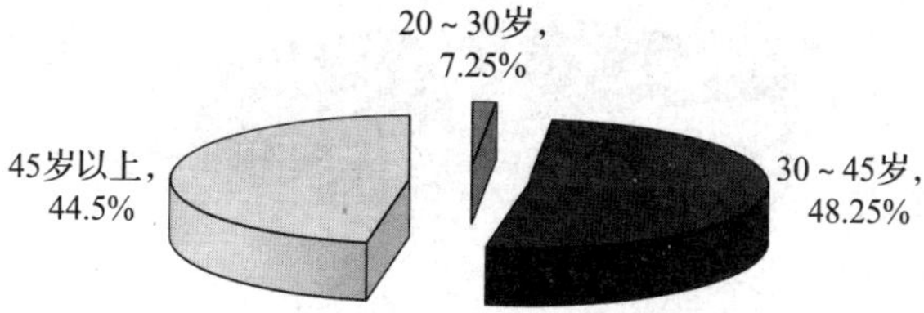


图9-10　企业管理层人员年龄结构

（二）企业技术工程人员基本状况

1. 人员结构

调查显示，工业企业的人员结构为，正高级工程师占 0.5%，副高级工程师占 3%，工程师占 14%，助理工程师占 22%，技术员占 55.6%（见图 9-11）。工程师及以上仅占 17.5%，说明工业企业缺乏高技术人才。

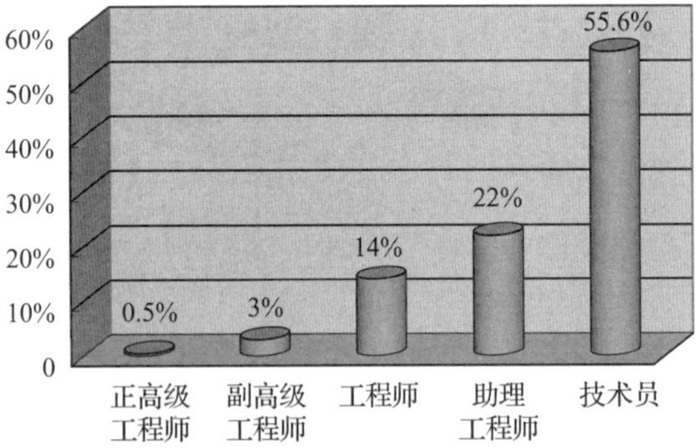


图 9-11　企业技术工程人员结构

2. 学历构成

技术人员的学历构成是，研究生占 2.5%，本科占 31.8%，专科占 47.2%，高中占 9.2%，其他占 9.3%（见图 9-12）。专科及以上学历的占了 8 成以上，说明技术人才的学历普遍较高。

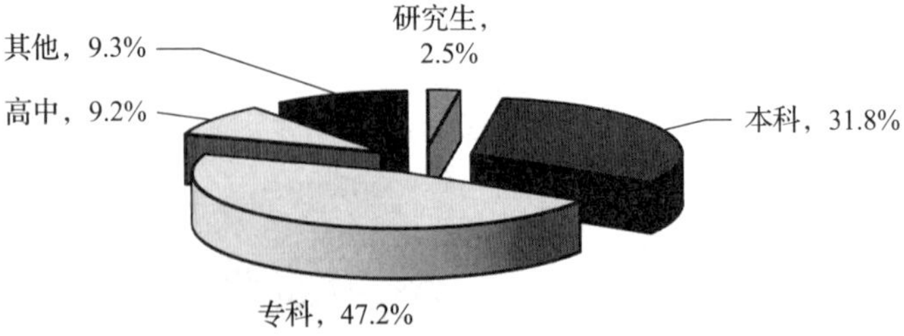


图 9-12　企业技术工程人员学历结构

3. 性别构成

技术类人才的性别构成为，男性占76.3%，女性占23.7%（见图9-13），这和经营管理人才的性别构成基本一致。

4. 年龄构成

工业企业的技术人才年龄构成是，20 ~ 30岁占35.8%，30 ~ 45岁占48.2%，45岁以上占16%（见图9-13）。“中间大，两头小”，结构基本合理。

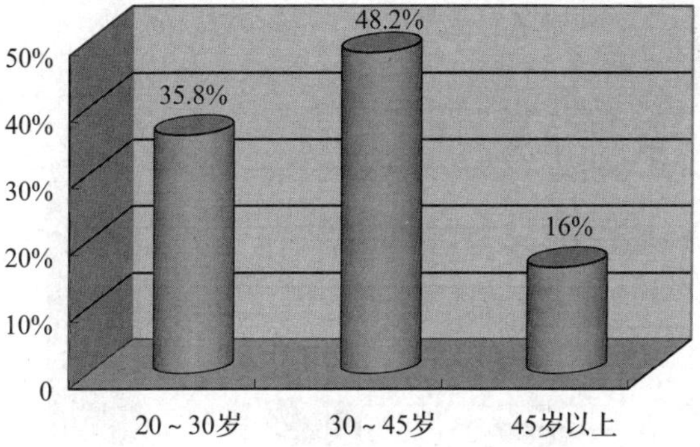


图9-13　企业技术工程人员年龄结构

5. 专业构成

工业企业的技术人才的专业出身构成为，工程技术类专业占43.2%，经济管理类专业占21.3%，其他专业占35.5%（见图9-14）。

（三）企业技能人员基本状况

1. 人员结构

企业的技能人员中，高级技师占0.8%，技师占8.9%，其他技能人才占90.3%（见图9-15）。技师及高级技师仅占9.7%，这说明工业高技能人才严重缺乏。

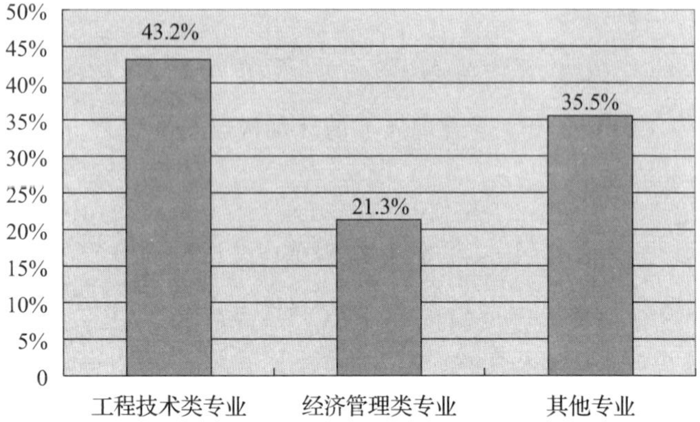


图 9-14　企业技术工程人员专业构成

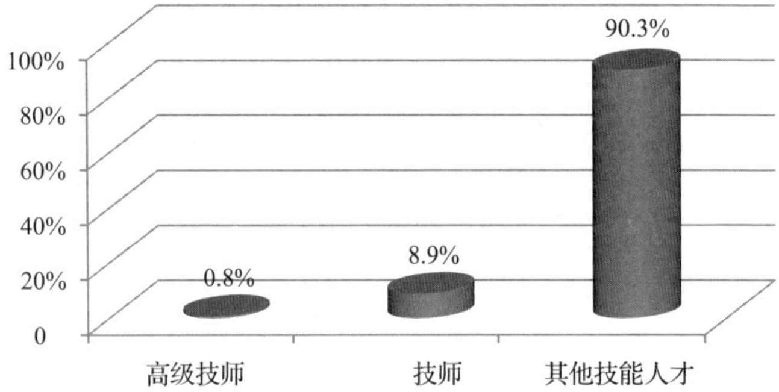


图 9-15　企业技能人员结构

2. 性别构成

企业的技能人才中，男性所占比例为 54.6%，女性占比为 45.4%。

3. 年龄构成

企业的技能人才中，20 ~ 30 岁的人才，所占比例为 39.6%；30 ~ 45 岁的人才，所占比例为 38.6%；45 岁以上的人才，所占比例为 21.8%（见图 9-16）。

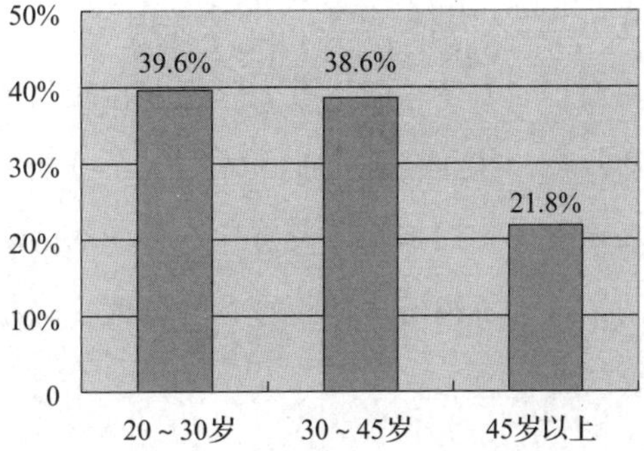


图 9-16　企业技能人员年龄构成

4. 专业构成

工业企业的技能人员中，工程技术类专业占 51.2%，经济管理类专业占 13.6%，其他专业人才的比例为 35.2%（见图 9-17）。

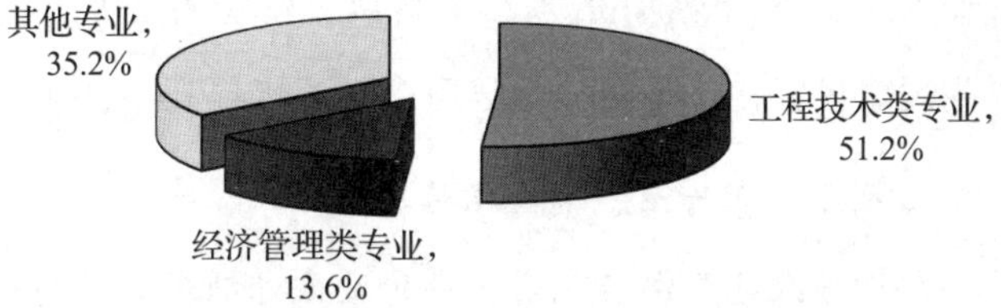


图 9-17　企业技能人员专业构成

调查数据显示，工业人才中，大专及以上学历人员占技能人才总数的 30.5%，这反映出企业技能人才受生产技术快速发展的影响，开始重知识、重素质、重能力，文化素质出现向高学历发展的好势头；高技能人才仅占 0.8%，而目前发达国家的比例均在 10% ～ 15% 之间，说明工业领域高技能人才较少，这影响了工业发展的后劲和工业竞争力，也成为制约新型工业化的瓶颈。

出现这样的现象，我们分析，一是受传统分配观念的影响，认为体力劳动没有脑力劳动的贡献大，企业比较重视对管理人才队伍薪酬激励改革，往往轻视技能人才的复杂技能劳动，导致技能人才薪酬水平较低。二是企业没有建立科学的劳动技能要素参与分配的机制，过于重视资本、管理参与分配，轻视技术、技能作为分配要素的重要性。

（四）对工业企业各类人才队伍基本状况的认识

1. 企业人才年轻化态势明显，学历水平在逐年提高

调查发现，工业从业人员年龄以 21 ~ 40 岁为主，约占被调查对象的 64%，学历则以大学本科以下学历为主，其中高中（含职高、中专、技校）占 35%，大专占 32%，大学本科占 21%。高级管理人员平均年龄为 35 岁，本科以上学历占 25%。这说明工业企业人才年轻化态势明显，学历水平逐年提高。

2. 企业人才分布行业、地区相对集中

以经营管理人才为例，调查发现企业人才所分布的行业、地区等相对集中。昆明、曲靖、玉溪的人才比较集中，国有企业经营管理人才集中分布在制造业、采矿业、金融业、电力、烟草等支柱行业。

3. 国有单位就业人才约占半数，非公企业发展缓慢

调查显示，工业人才主要分布在国有机构，而民营机构的人才缺乏。统计显示，国有企业的人才比例为 50.4%，而民营企业的人才只有 15%，非公经济发展缓慢，人才不足。

人才分布的突出问题是，人才结构与国民经济的产业布局和

就业人员的产业分布形成了鲜明的反差，专业技术人才数量明显偏低，就业人员学历状况急需改善。

4. 社会歧视工业，企业后继乏人

受发展阶段的影响和科技进步的限制，现代的工业发展产生了不少污染，社会上对发展工业也有不同的声音，出现歧视工业的思想和认识。社会的思想、人们的意愿与整个发展环境的影响，使得工业发展不平衡、企业发展不稳定、效益不明显。在现实中，农业时期和计划经济时代的个人化、依赖性思想依然存在。

## 三、工业公共管理人才队伍状况

（一）拥有了一支富有经验的工业公共管理队伍

工业公共管理部门的工作人员年轻化趋势比较明显，人员经验丰富，有一半以上的人员有 5 年以上的工作经历（见图 9-18）。

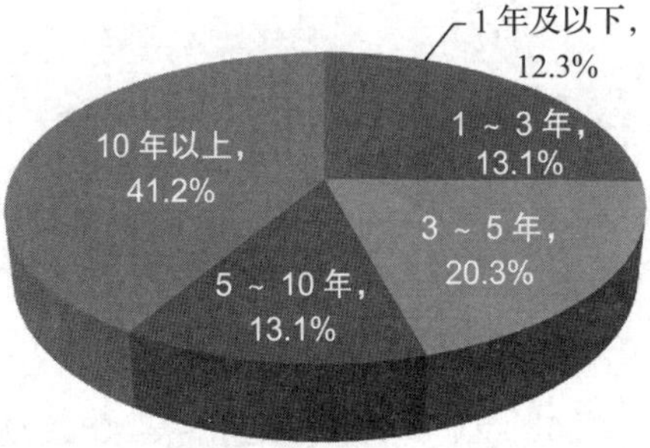


图 9-18　工业公共管理人才工龄结构

（二）工业公共管理人才对本地情况比较熟悉

管理人员的本地化特征明显（来源比重见图 9-19），熟悉本省的情况，但缺乏外在力量的推动。

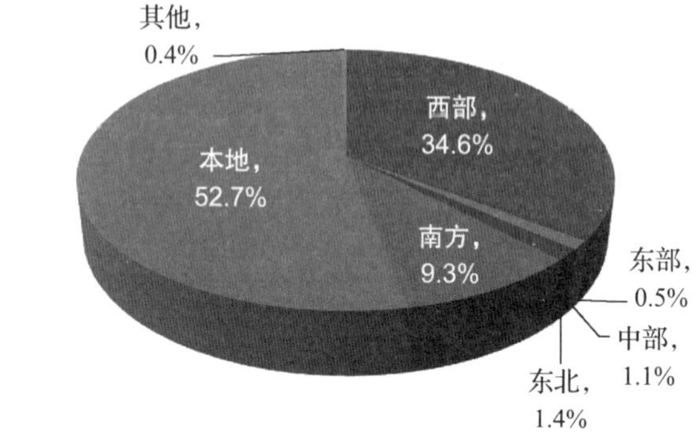


图 9-19　工业公共管理人才出生和主要成长地

（三）工业公共管理人才队伍拥有稳定的来源渠道

工业公共管理人才队伍拥有稳定的来源渠道，主要仍采用传统的分配方法，人才资源的市场配置还很少，市场化的程度也很低（具体参见图 9-20）。

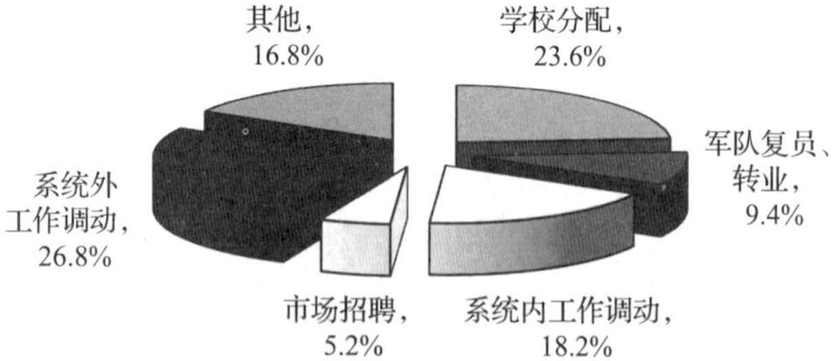


图 9-20　工业公共管理人才主要来源渠道

（四）工业公共管理人才严重缺乏

只有 13.3% 的调查者认为现在的工业公共管理人才基本适应发展的需要，只有 2.8% 的调查者认为人才过多，认为人才流失问题严重的占 18.1%，认为工业公共管理人才严重缺乏的占 66.2%，这说明工业管理人才严重缺乏。

（五）工业公共管理人才的梯队结构不合理

对于工业公共管理人才的梯队结构，认为非常不合理的比例为 12.3%，认为比较不合理的为 21.1%，认为比例一般的为 50.7%，认为比较合理的为 15.5%，认为非常合理的仅为 0.2%，这说明工业公共管理人才的结构不合理。

（六）工业公共管理人才对工业产业的忠诚度较高

对“近三年你是否考虑过跳槽”这个问题，表示经常考虑的为 7%，偶尔考虑的为 22.5%，没有考虑过的为 70.5%（见图 9-21）。这说明工业公共管理人才比较稳定，吸引力和忠诚度都比较高。

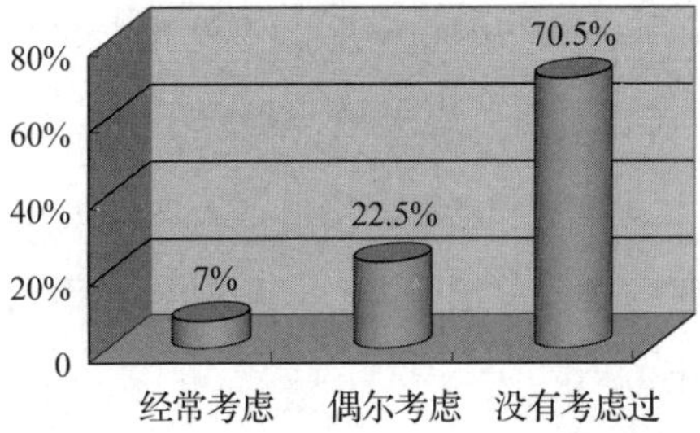


图 9-21　工业公共管理人才对工业产业的忠诚度

（七）工业人才缺乏

对工业人才的状况，公共管理受访者认为总量不足的占 23.6%，46.3% 的受访者认为工业人才的整体素质不适应经济社会发展的要求，19.6% 的受访者认为年龄结构和专业结构不合理，21% 的受访者认为云南的产业、地区和所有制结构分布不均衡，

19.3% 的受访者认为高层次人才缺乏，还有 10.8% 的受访者认为人才闲置和浪费严重。

（八）最需要复合型人才

工业领域最需要哪些人才？工业公共管理领域的受访者，55.5% 的人认为最需要复合型工业人才，35% 的受访者认为最需要的是高层经营管理人才，28.7% 的人选择的是技术研发人才，25.3% 的人选择的是生产技术人才，14.5% 的人选择的是营销服务人才。

## 四、小结

工业基础薄弱，工业化程度较低，工业结构以资源型、原材料型为主，产品附加值低，产业链短，产业规模小，带动力弱，辐射力小；工业从业人员数量不多，占就业人数的比重不到 6%，远远低于全国 10.2% 的平均水平；素质不高，受过高等教育的工业从业人员不到 7%……这些都是过去西部云南工业面临的问题。要解决这些问题，关键是调整产业结构，而调整的关键在于人，尤其是人才。

产业结构调整对人才的数量及质量提出了更多、更高的要求，因此，构建一个适合产业结构调整要求的人才支撑体系是必不可少的。

产业结构调整正朝着现代农业、现代工业、现代服务业方向发展，人才支撑体系建设也要遵从产业结构调整的方向，朝着培养现代农业人才、现代工业人才、现代服务业人才三个方向发展。

人才数量少，素质有待提高，人才资源和科技知识对产业的贡献率低，人才对产业的支撑能力不足。因此，进一步加强工业人才队伍建设是工业产业实现跨越发展的重中之重，也是落后地区实现产业跨越发展的必然选择。

## 第二节　“大城市”人才欠账

### 一、大城市的国际难题

伴随着产业的快速发展，中国涌现出一大批大型城市，城区人口百万以上的城市有 142 个（2014 年 3 月数据）。随之而来的是城市的环境污染、资源短缺、交通拥挤，许多城市被诊断为患上了“大城市病”，产业升级乏力，后劲增长不足，城市遇到了发展瓶颈和困境，特别是北京、上海、深圳等一线大城市，增长的空间被压缩了。

面对功能的疏解与转型的压力，城市的内生动力如何形成？国际竞争力如何实现？这关系到城市的发展，关系到个人的成长。

为解决北京的“大城市病”，中央提出了京津冀协同发展的战略任务，要求疏解非首都核心功能。习近平同志指出，北京建设世界城市，要立足于首都的功能定位，努力把北京打造成国际活动聚集之都、世界高端企业总部聚集之都、世界高端人才聚集之都、中国特色社会主义先进文化之都、和谐宜居之都。

调研显示，北京在人才经济环境、国际化方面的差距也十分明显。从宏观来看，北京的 GDP 与其他世界城市差距明显，经济基础相对较弱；从微观来看，人均收入偏少，占 GDP 的比重偏低，这种现状制约了北京对国际人才的吸引。北京在人才经济环境方面与三大世界城市的差距：北京 GDP 总量为 1 510 亿美元，约为东京的 1/10、纽约的 1/4 和伦敦的 1/3。北京人均可支配收入为 3 256 美元，约为伦敦的 1/12、东京和纽约的 1/11。当今世界城市的典型产业特征是高科技产业、金融产业和文化创意产业特别突出。纽约、伦敦、东京都有 50% ~ 55% 的从业人员集中在这 3 个产业中，而北京的此项数字只有 17% 左右。这凸显出北京人才产业分布不合理的状况。[一]

不合理之处还体现在：从人才规模来看，北京的人才基础雄厚，人才总量大约是纽约和伦敦的 3 倍、东京的 1.5 倍；但从人才质量来看，北京难与其他世界城市相提并论——北京每万名从业人员中 R&D 活动力数量为 204 人·年，而纽约、伦敦、东京分别为 664 人·年、410 人·年和 795 人·年；北京 25 岁以上劳动力平均预期受教育年限只有 10 年，而纽约则为 16 年。[二]

未来产业发展的高端化、国际化，迫切需要一支拥有国际视野、现代理念和创新思维的高素质、高水平的人才队伍作支撑，而目前北京市的人才发展面临结构性短缺，还无法满足世界城市的发展要求。

在人才投入产出方面，北京更是有所不及。在公共教育投入方面，纽约的财政投入比例达到 6.1%，伦敦为 5.6%，东京为 3.54%，而 2009 年北京仅为 3%；在公共卫生投入方面，纽约

---

㊀ 此段数据为 2009 年的情况。

㊁ 同上。

财政投入的比重达 15.4%，伦敦为 7.7%，东京为 6.7%，而北京仅为 1.4%；在科技投入方面，东京的科技投入占 GDP 的比重在 4 个城市中居首，为 3.2%，其次是纽约和伦敦，分别为 2.6% 和 1.89%，北京在科技方面的投入最低，占 GDP 的比重仅为 1%。㊀

舍不得投入，就难以奢望高产出。在人才经济产出方面，无论是人均 GDP 还是劳动生产率，北京都落后一大截。北京人均 GDP 是东京的 1/17、纽约的 1/8 和伦敦的 1/7，劳动生产率是东京的 1/17、纽约的 1/12 和伦敦的 1/9。㊁

在人才科技产出方面，北京被授予专利的数量与上述三大城市的差距较为明显（北京是东京的 1/35，是纽约的 1/15，是伦敦的 1/8），国际三大期刊检索（SCI、SSCI 和 A&HCI）论文发表数量也严重少于其他三个城市（东京、纽约、伦敦均为北京的 2 倍左右）。㊂

虽然北京近几年在人才环境方面大为改善，在国内区域人才竞争中占据明显优势，但与纽约、伦敦、东京等世界城市相比，与吸引国际高端人才的要求相比，仍然存在较大差距。

从事业环境来看，2009 年，北京市所拥有的世界 500 强跨国公司总部数量为 21 家，超过纽约（18 家）和伦敦（15 家），总部经济特征明显，但都是国有大型企业，目前还没有一家外国的跨国公司总部在北京。

生活环境是每一个人都能感受到的。近几年，在北京生活

㊀ 此段数据为 2009 年的情况。
㊁ 同上。
㊂ 同上。

的人感受最明显的当属房价压力和交通压力。美世咨询发布的《2012年全球城市生活质量调查》显示，北京在全球城市的生活质量排名为第109位，伦敦排名为第38位，纽约和东京并列第44位。北京的高房价、交通拥堵带来的高生活成本，在一定程度上对人才形成“挤出效应”，许多首都高校毕业生开始放弃北京而选择到外地工作。

在人文环境方面，北京高等院校云集，在数量上超过纽约和伦敦，但在世界排名前100名的高校仅有清华大学和北京大学两所，而且到目前为止还没有一所称得上世界一流的大学（如美国纽约哥伦比亚大学、日本东京大学、英国伦敦经济学院），北京优质高等教育资源与三大世界城市相比还有一定差距。

国际化是世界城市的基本特征，同时也是吸引人才聚集的基本条件。一个城市的国际化程度越高，集聚世界各国人才的能力就越强，激发城市活力和创造力的功能也就越强。北京的国际化程度较低，外籍侨民占本地人口的比重仅为0.68%，国际组织总部数量只有4个，每年举办的国际会议约为纽约和伦敦的1/8。

## 二、新兴区的人才欠账

2015年3月和2016年7月，我们组织课题组，赴深圳、珠海、上海、四川等地进行了专题调研。调研专家认为，发达地区党政领导的人才意识强烈，以人才战略为总抓手推动产业转型升级，不断探索人才工作和创新驱动相结合的经济社会发展模式，真正将人才资源作为第一资源，确立了人才优先发展的总体布局，在实践中领悟到“创新驱动的实质是人才驱动”，激发了广大青年创新创业的热情，在力争实现人才资源配置市场化、人才集聚生态国际化、人才价值实现多元化、招才引智工作品牌化、人才政策优势法治化、人才环境建设社会化的前提下，为中国梦的实现探索了新途径。

但随着改革的不断深入，国内普遍适用的人才、科技、教育、金融等相关领域的体制机制已不能适应生产力发展需求，制约人才工作的开展。特别是在人才意识、人才培养、人才使用、人才吸引等方面还存在诸多体制机制障碍，人才政策急需放开手脚，深化试点，以破解建立知识经济社会、激发人才创造活力、开发人才资源、形成人才资本、参与国际竞争、引领科技前沿、创造人才红利等方面的实质性难题。

### （一）人才意识问题

深圳、上海、珠海等地政府虽然高度重视人才工作，但“上层热、基层冷，政府热、企业冷”的问题依然突出。

（1）在人才发展模式上，还没有完全形成从物力资本优先积累向人才资本优先积累的意识转变。深圳、珠海已逐步将招商引资的发展思路转变为招才引智，但在重大人才项目上马的过程中，投资密度、税收回报等仍是重要的考核要素，仍然沿用传统的考核标准，缺乏有针对性的政策支持和人才优先发展的基本保障，讲的是“第一资源”，做起来还是“第二、第三资源”。根本原因是党管人才的工作格局还没有完全形成，人才工作的分工协作机制还不够完善，考核机制还没有明确。

（2）在人才发展政策上，还没有完全形成行政化、碎片化向市场化、法治化的意识转变。作为全国人才管理改革试验区，深圳、珠海还缺乏人才改革的动力和魄力，不能运用好国家授予的权力，应更加积极地履行改革开放排头兵的职责，创新人才政策，解决人才及企业在市场化发展过程中遇到的各类实际问题。必须尊重人才的成长规律和社会主义市场经济规律，构建以市场为主导、政府为引导的人才政策环境，特别是创业投资的政策环境。此外，还迫切需求稳定的法治环境，但目前我国人才立法还严重滞后，珠海出台了国家首部人才开发促进条例，但还缺乏执行力、约束力，形成法治优势还任重道远。

（3）在人才观念开放上，还没有完全形成从 13 亿人中选取人才到从 70 亿人中挑选人才的意识转变。深圳、上海、珠海在人才国际化方面已走到全国前列，国际人才数量与比重都达到了国内先进水平，但现有的人才开放度还明显不足，对国际人才的认识还存在局限，信任度明显不足，海外高层次人才参政议政、建言献策还缺乏通道。

（二）人才培养问题

（1）创新型人才培养缺乏路径。国内目前的教育模式往往忽略了对人才创新能力的培养，学生质量和结构难以满足社会的需求，很难支撑创新驱动发展战略。与此同时，科研院所与高校联合办学还缺乏资金支持，社会力量参与创办大学更受到严格限制，这些制约因素都限制了创新人才的培养。

（2）国际化人才培养缺乏条件。在深圳、珠海两地，开展基础教育的国际院校还比较少，地方政府往往注重基本配套环境的建设，却不能满足高层次人才的高端需求。

（3）战略新兴产业人才缺乏储备。深圳、珠海积极推动产业转型，聚焦于战略新兴产业发展，却缺乏相应的人才培养与储备，产业配套政策的空白也限制了企业和人才的创新发展。

（三）人才使用问题

（1）人才流动存在体制性壁垒。中央文件一再强调人才流动问题，但目前海内外、体制内外的人才相互流动仍存在诸多障碍，包括国民待遇、编制、行政级别、社会保险、科研人员持股等问题都制约了人才的自由流动。

（2）人才使用缺乏市场化机制。深圳、珠海两地都在积极探索人才评定的社会化路径，并取得初步成效，但已有的职称、执业资格等仍在沿用，在一定程度上限制了社会参与人才评定的程度。与此同时，单位没有用人自主权，这不利于“不拘一格”“慧眼识才”，放手使用人才更无法落地。事业单位改革已时机成熟，但还需顶层设计支持。

（3）人才发展急需专业化平台。人才因事业而聚，但目前两地还缺乏与国际接轨的、专业化的人才创新创业载体和平台，呈现出人才工作缺乏抓手、人才引进有亮点无特点的问题，以及各类孵化器、加速器同质化的尴尬局面。新型平台的建设应侧重于营造与国际无差别的环境，提供与国际无差别的服务，形成创新创业的综合气候。

（4）人才激励需要制度化保障。两地创新创业人才在争取激励方面遇到了各种各样的问题，诸如事业单位坐拥巨额资产却无法运用这些资金进行投资及资产管理，缺乏市场化机制；一些人才在科技入股、股权激励等方面进行了尝试，但工商、税务等机构却没有相应的管理办法，特别是体制内人才受到行政级别束缚，很难获得应有的收益。

（5）鼓励创业还需宽容的环境。深圳市政府为支持创新创业专门设立了创业引导基金，同时鼓励营造宽容失败的创业环境，但如果政府投资不能回收，仍需要主要负责人承担责任，致使相关人员在使用基金的过程中还存在顾虑，诸多有利政策并未真正落到实处。

（四）人才引进问题

深圳、珠海两地具有较好的产业环境、生产体系和人才基础，创新创业气候对海外高层次人才具有较强的吸引力。但目前，两地的人才素质和结构与主要世界城市仍有较大差距，人才引进还存在诸多困难，严重制约留学人才回国创业和国际人才来华发展。

（1）“重返”中国难。人才在办理出入境手续、签证、永居证、落户、子女入学时还面临相当多的困难，行政手续复杂、不合理、不人性化，这是深圳、珠海两地国际人才面对的突出问题，这些问题分散了大量的时间和精力，更打消了一部分人才回国创业的热情。

（2）投资中国难。一些人才在海外生活多年，手中持有的人民币十分有限，而当他们想要回国创业时，往往受到外资投资准入的限制，部分领域对外资尚未放开，这也成为制约人才归国的重要因素。

（3）国外引才难。目前，深圳、珠海两地还缺乏与海外沟通交流的引才通道，地方引才所必需的出访和举办交流论坛也受到次数限制和经费限制等，而且与海外（尤其是我国港澳地区）的执业资格互认还难以落实，前海推行的执业资格互认考试刚开始推行时的通过率还不足20%。

## 第三节　“国际人才港”突围

### 一、有一个中心叫人才枢纽

在2009年第二届人力资本大会上，新加坡总理李显龙提出，新加坡要构建国际人才枢纽。随着互联网技术推动的全球化深入，伦敦、新加坡、悉尼等国际大都市纷纷提出建设国际人才枢纽，作为获得竞争优势的重要着力点，作为抢占未来发展先机的重要突破口。

为打造国际人才枢纽，伦敦政府强化吸引和鼓励更多“优秀的人才聚集于此、居留于此、发展于此、成功于此”，改革移民制度、税收制度，加大推动政府与企业合作等。伦敦政府推出了一系列创新举措：一是提供具有竞争性的税收政策，积极吸引经济性移民和海外留学生，确保英国企业能够招聘到所需的优秀人才；二是创造推动金融服务增长的外部环境；三是在海外积极推广伦敦；四是推动伦敦世界一流大学建设进程；五是加大就业工作力度，提高政策灵活性，满足经济下行阶段资本特殊的需求；六是专门建立了伦敦和伙伴门户网站，加强对国际人才的吸引和集聚。

新加坡建构国际人才枢纽注重创新，强调效果：一是把建设世界一流大学作为培养和集聚国际人才的重要基础。二是设立新加坡科技研究局，吸引和集聚多个高新领域的国际化人才、海外专家。三是实施更加灵活的移民政策，针对全职卓越人才提出了个人化就业准证（PEP），不和任何雇主挂钩，只与申请人的个人条件相关，为便捷选择海外人才提供了有效的政策工具。四是建设宜居、有活力的环境，把建立宜居、活力之都作为建设全球枢纽的重点。五是加大海外联系与推广。新加坡通过设立“联系新加坡”，广泛设立一站式、客户友好型的服务中心，为有意向新加坡集聚、生活、工作的国际人才提供全面的信息。

作为澳大利亚数字产业、创意产业、金融产业和专业服务业的大本营，悉尼于2013年提出大力建设国际人才枢纽的战略，提出了四大举措：一是突出大项目带动，必须寻找到吸引充满智慧的专业人才的方式，创设和发展能够让人才在悉尼奉献其才华的世界一流项目；二是构建一流环境，积极推动宜居、有活力、有创造力的工作环境，让海外专业人才能够在知识含量高、文化多元化、生产高效率的环境中工作；三是注重软文化推广，悉尼重新定位了对外推广重点，向国际人才突出悉尼是理想的工作目的地；四是制定发展规划，推动政府改革，实施新的人才吸引战略，正确认识“人力资本”的重要性，加大对国外技能和执业资格的互认；五是突出工作与非工作因素的平衡，尊重文化多样性，提供悠闲、安全、舒心、便利的生活环境，以有效调节工作与生活等。

上海社科院汪怿研究员分析，建设国际人才枢纽，有利于加强与全球人才网络联系程度，能够为城市发展源源不断输送优秀人才，满足城市日益增长的人才需求，缓解人才短缺的问题，带来引领城市发展的知识、技术、创意、活力和激情，为世界城市的崛起提供支撑；有利于城市在全球竞争中利用自身优势位置抢下先手棋，赢得竞争优势，引领未来发展；有利于强化城市自身在全球网络中的地位和作用。国际人才枢纽突破了人才流动原有垂直层级之间的壁垒，将多重层次汇聚于一点，使不同层面的资源避免逐级传递，直接将全球、国家、区域以及本地的各项资源（尤其是人才资源）迅速地汇聚起来，也迅速地扩散到各个层面。这种情况下，节点相联系的周边地区可以减少成本，缩短距离，更便捷地联通世界。建设国际人才枢纽还有利于促进城市内部人才的发展，人才空间的接近性增强了城市内部人才优化组合的可能性，增加了协作的可能性。国际人才集聚得越多，与外部世界的联系越多，这加强了对外合作，增强了对外影响力。

构建国际人才枢纽，既是基于城市自身的发展考虑，也有对国家、地区乃至全球发展的考虑，可以说这是全球化背景下，一种基于未来发展的战略选择。

建设全球人才枢纽的重要基础是正确把握好作为城市的点和全球人才网络之间的关系。要以全球的视野，畅通我国的人才流入渠道，实施全球人才枢纽引才项目，制定和实施人才发展推广战略和城市品牌战略。要开辟融入全球网络的渠道和路径，以此吸引全球精英。

## 二、国际人才港的作为

遵循科技发展趋势和产业升级路径，根据人才成长规律与人才流动趋向，为引领中国创新发展，参与全球治理，为中国力量和中国方案提供全新的着力点和突破口，为中国梦提供经济载体、产业平台和人才保障、智力支撑，经过近十年的跟踪研究，通过全球范围内的调查研究，人才港发展委员会联合百位行业专家，经过上百次的座谈论证，在调研北京、上海、广东等地的基础上，提出了建设“国际人才港”的重大人才发展战略构想，形成了人才港发展报告、人才港实施方案和人才港发展行动路线图，获得了相关省市领导的支持，成为中央人才工作协调小组重点关注的重大工程，将在北京、深圳、上海等地进行试点、示范发展建设。国际人才港将成为人才引领发展的改革试验区和国际人才集聚示范区。

国际人才港的国际人才，是“四有人才”：有创新力的人才，能引领发展潮流的领军人才，包括能够创造新产品、新市场，创造就业岗位，具备创业观念，善于识别创业机会及其潜力的创新、创业、创意人才；有整合力的人才，包括掌握全球资本的人才、掌握全球信息的人才、掌握全球人才资源的人才、掌握国际社会资本的人才；有影响力的人才，如卓越领导人才、智库人才、业界精英、明星科学家、科技或者文化大师、超级明星等；有潜力的人才，包括留学生以及青年人才。

为什么要建设国际人才港？中国人才科学研究基金秘书长岳文厚指出，人类的历史创造和发展进步，形成了城镇与乡村两种发展形态，发明了单位和家庭两种工作生活方式，创造出国家与民族两种组织体系。在新的生态智能时代，人与人、人与自然、人与物如何和谐发展？人才聚变效应如何协同、融合？这成为新的时代命题，也成为新的发展选择。人的全面发展，人类的可持续发展，人才的创造创新，需要以人才为本，需要以人才建设为中心，而这就需要人才港的新型组织形态，需要人才港的新型生产生活方式。

在农业时代，人们往往会依河而居，因为作物因水而生长，主要城镇以货物流为主导，依托发达的交通枢纽，实现大规模的货物流动，并带动信息流和资金流。在工业时代，资本是产业工业的血液，大都会以资金流主导，主要依托发达的金融体系、结算手段以及信息技术服务平台。在这个时期，哪里掌握了资本，哪里就会成为人们内心向往之地。在以知识的生产、分配、使用为基础特征的社会，知识、人才成为主导要素。

当今的知识经济时代，掌握先进技术，具有才华、技能和创意的人才，已取代地理位置、自然资源、大同小异的劳动力大军与市场通路，成为主要的城市资源。有效地认清、培养、利用、提升、吸引、保有内外人才，成为世界城市抑或全球城市形成的重要原因。能否在人才国际流动构成的网络体系中成为具有控制力的关键节点，直接决定着全球城市构建的进程。

我们旨在通过高站位谋划、高起点设计、高标准建设，把国际人才港建成国内国际人才高度聚集，高端产业强劲发展，体制机制优先试行，创新活力加速迸发，国际人才的质量、结构和效益达到国际水平，人才综合环境符合国际标准的人才高地，成为创新创业的引领区、国际人才集聚的试验区、科技要素创新的示范区。

国际人才港，将以世界眼光确立人才优先发展战略布局，科学谋划发展路径，重点在四个发展方位上取得突破性进展。

### （一）国际化求突破

坚持以国际资本大流通、大循环为背景，立足于探索人才管理改革试验区建设，牢固树立国际化眼光，一切按国际规则思考，一切按国际标准要求运作，优化国际化环境，努力打造一个开放、包容、多元的人才管理改革试验区。必须把打造符合国际要求的人才综合环境，作为留住国际人才的着力点。借鉴国际先进经验，实施一系列特殊的科研、创业、产业发展、财税金融、人才管理与服务政策，着力引进并留住一批具有全球思维、战略眼光、国际经验、创新能力的国际人才，构建国际化的人才特区。

### （二）高端化求突破

着眼于国际化人才的招引，把握重点发展的产业、科技项目、优势技术，采取灵活多样的方式引进外国专家和海外智力。引才政策重点面向海外，突出招引不同领域的标杆型国际人才。重点引进领军型人才（团队）、高层次人才（团队），注重“千人计划”“万人计划”人才的吸纳培养。

### （三）市场化求突破

实现人才管理改革试验区可持续发展，必须更好地走市场化路子，在政府推动的同时，更加注重运用市场手段推进人才试验区建设。最根本的是，加强人才制度建设，营造人才发展的良好环境。注重营造重才敬才的社会环境、识才用才的工作环境、引才聚才的政策环境、优才留才的生活环境。此外，要大力构建人才服务体系，重视发挥市场配置人才资源的基础性作用。

（四）特色化求突破

一是结合自身实际，因地制宜，突出试验区建设的地方特色。着眼于城市发展的实际，围绕产业结构调整、发展方式转变和改善民生的需要创新人才政策，彰显人才政策创新的特色化。二是紧密结合特色产业，实现试验区建设和地方产业发展互相促进。加速建设重点产业、新兴战略型产业集群，催生一批高科技企业，不断推进国际化人才集聚与产业集聚互动。

# 第十章
# 飞跃产业断层

## 第一节 贵州速度

“之前在其他省份工作时，我从未见过像贵州这样连片贫困，贫困程度如此之深的情况。”2011 年 3 月，时任贵州省委书记栗战书向媒体自曝“家底”，贵州省的工业化程度系数仅为 0.8，相当于全国 20 世纪 90 年代中期的水平，并且全省还有 505 万绝对贫困人口，占全国贫困人口的 15% 还要多。

然而，在过去短短的 5 年时间里，贵州就完成了凤凰涅槃。2015 年，贵州省地区生产总值突破 1 万亿元，达到 1.05 万亿元，增速达到 10.7%，全国排名第 2；2016 年上半年，贵州 GDP 增速 10.5%，排全国第 3，与重庆、西藏一同成为全国仅有的增速超过 10% 的地区。

事实上，贵州经济增速在过去的 5 年（2011 ~ 2015）里，每年都保持在两位数以上，年均增长 12.5%，高于同期全国平均水平 4.7 个百分点，增速连续 5 年位居全国前 3 位。2011 ~ 2015 年贵州省 GDP 总量与增速、排名见表 10-1。

表 10-1　2011 ~ 2015 年贵州省 GDP 总量与增速、排名

| 年份 | GDP 总量（亿元） | GDP 同比增长 | 全国平均增长 | GDP 增速排名 |
|---|---|---|---|---|
| 2015 | 10 500.00 | 10.7% | 7.0% | 第 2 |
| 2014 | 9 251.01 | 10.8% | 7.4% | 并列第 2 |
| 2013 | 8 006.79 | 12.5% | 7.7% | 并列第 1 |
| 2012 | 6 852.20 | 13.6% | 7.7% | 并列第 2 |
| 2011 | 5 701.84 | 15.0% | 9.2% | 并列第 3 |

数据来源：贵州统计局网站、中国统计局网站。

两位数的 GDP 增速让贵州很是抢眼。

实际上，贵州经济的增长早在十年前就已经开始发生转变了。

统计数据显示，2005 年，我国国内生产总值为 182 321 亿元，2015 年达到了 676 708 亿元，10 年间增长了 271%。这其中有 19 个省份高于平均增速，其中 15 个省份的增速高于 300%，主要集中在中西部地区；低于平均增速的有 12 个省份，主要是沿海发达地区和华北、东北地区。

在各省份中，贵州以 441% 的增幅高居榜首。

从自然地理情况来说，贵州地处西南腹地，与重庆、四川、云南、广西相接壤，是西南地区陆路交通枢纽，但贵州高原山地多，平均海拔在 1 100 米左右，全省地貌可概括分为高原、山地、丘陵和盆地四种基本类型，素有“八山一水一分田”之说，是全国唯一没有平原支撑的省份。这种地貌条件制约了贵州的经济发展。尽管贵州拥有丰富的自然资源，但受限于地貌条件、交通不便等原因，工业基础较为单薄，增长潜力长期未能充分发挥。

也许还有相当一部分人对贵州的印象仍停留在“穷乡僻壤”

的层面，其背后反映的是贵州过去多年落后的面貌。但是，近年来这种落后的局面有了明显的变化。贵州持续转变发展思路，2010 ~ 2012 年，贵州省委坚持把中央要求与贵州实际结合起来，提出统筹推进工业化、城镇化和农业现代化的发展思路。在这一思路的实施过程中，贵州迅速把握住了机会，在全国经济转轨期，实现了“弯道超车”。

2015 年，贵州人均地区生产总值接近 5 000 美元，标志着贵州向同步小康迈出了最艰难，也是最坚实的步伐，而这也正彰显了贵州省加快实现“弯道取直、后发赶超”的步伐，贵州速度令人惊叹。

## 第二节　断臂求生：从 -1 到 1

### 一、后发优势：大数据掘金

贵州的飞跃式发展得益于超前的产业布局。

谈到经济领域最热门的词，“大数据”是一定能够名列前茅的。近年来，大数据产业的高速发展不仅优化了区域的经济结构和产业结构，还深深改变了人们的思维方式和生产生活方式，掀起新一轮产业、技术革命。大数据与各个行业的深度融合也创造出前所未有的社会效益和商业价值。

按照以往的经验，新兴产业和高科技产业会优先在发达地区发展，落后地区碍于经济基础、社会基础和人才基础等要素，只能处在跟在后面学的被动地位。但贵州改变了这个惯例。如果提到国内的“大数据”产业，一定会联想到“贵州”这两个字。

让我们先来看看贵州大数据产业的发展脉络：

2013 年，贵州率先布局大数据。

2014 年 2 月，贵州省人民政府出台《关于加快大数据产业发展应用若干政策的意见》《贵州省大数据产业发展应用规划纲要（2014—2020 年）》。

2014 年 3 月 1 日，贵州省举办北京大数据推介会，正式宣告发展大数据产业。

2015 年，大数据正式上升为国家战略。

2016 年 3 月，贵州获批成立全国首个国家级大数据综合试验区。

2016 年 8 月，国务院下达了《关于同意设立贵州内陆开放型经济试验区的批复》，支持贵州加快发展新经济，培育新动能，着力建设内陆投资贸易便利化试验区、现代产业发展试验区。贵阳市观山湖区作为西南高铁枢纽所在地，是贵阳市的中心区、新城区、窗口区和生态区，已获批建设现代服务产业试验区。同时，集省、市、区力量，全力打造了以大数据、大金融为引领的现代服务产业发展平台——贵州金融城、高铁新城，成功聚集了一批大数据、大金融企业，成为推动贵州现代服务业发展的重要驱动力。

贵州的大数据产业走在全国前列，关键在于政府转变思路，率先公开众多政府掌握的数据，大力推动新型产业的创新创业，这为大数据产业在贵州落地生根打下了坚实的基础。

3 年时间里，贵州从经济落后地区的代表省份变成了全国首个大数据综合试验区，成为国家大数据战略的试验场。国家的认可，源于贵州大数据对推动创新创业起到了立竿见影的效果，带动了全省经济的发展。从各类招商活动到层出不穷的赛事，贵州大数据“掘金”模式不断变化，令人瞩目。

2016年11月5日，“2016贵阳·上海大数据金融发展交流暨贵州金融城、高铁新城招商推介会”在上海中国金融信息中心举行。作为率先提出打造“大数据金融中心”的省份，贵州来到上海这样的国际金融中心推介，在向上海的金融企业发出邀请的同时，实际上也是在向世界发出邀请。这一充满自信的“贵州声音”，和贵州近年来在大数据领域取得的优势是分不开的。

## 二、巨头云集，效应初显

贵州大数据发展也逐渐获得了一些行业巨头的支持。阿里巴巴集团创始人马云就曾多次为贵州“拉票”：如果你错过了30年前的广东、浙江，一定不能再错过今天的贵州。

2015年，贵阳市政府与英特尔（中国）有限公司签署合作备忘录。双方将共同推进贵阳市智慧城市建设和贵阳市大数据产业发展，英特尔公司将支持贵阳市众创空间发展，支持贵阳市创新型人才培养。

同年，贵州省政府也与IBM签署云计算大数据产业合作备忘录，双方将围绕大数据及云计算技术，在人才培养、技术创新研发、新技术应用、产业发展等方面展开全面合作。

龙头企业产生的聚集效应显而易见。2014年，贵州省大数据电子信息产业实现规模总量1 460亿元，同比增长62%；2015年，贵州大数据电子信息产业规模总量达到2 000亿元，同比增长 37%，以大数据引领的贵州电子信息产业增加值同比增长 80% 以上。除了亮眼的新兴产业外，别的产业也在向前推进。2016 年上半年，贵州计算机、通信和其他电子设备制造业增加值比上年同期增长 83.6%，占规模以上工业的比重比上年同期提升 1.0 个百分点。

相关数据显示，到 2017 年，贵阳将力争建成全国首个全域公共免费 Wi-Fi 城市、全球首个块上集聚的大数据公共平台、全国首个大数据交易中心和全国政府数据开放示范区。到 2020 年，将力争建成全球大数据交易中心、大数据产业集聚发展的中国数谷，成为全国生态文明与数据智慧融合发展的综合示范城市。

贵州的大数据产业得到了国家领导人的称赞。2015 年 6 月 17 日，习近平同志到贵州考察了当地的大数据、云计算、增材制造、高端服务器等技术研发和应用情况，充分肯定“贵州发展大数据确实有道理”。李克强同志也明确指出：“大数据在贵州实现了无中生有，贵州已经种下了智慧树，开出了钻石矿。”国家领导人对贵州大数据的高度认可，说明贵州大数据大有可为。

在经济转型期，贵州紧紧抓住了新兴产业带来的新机遇，引进大数据这个最前沿的信息技术产业，开启了一条大数据“掘金”之路，推动了产业转型升级，促进了经济跨越发展。

## 第三节　持续增长的关键

### 一、穷则思变，把握产业发展新机遇

贵州凭什么搞大数据？又为什么搞大数据？

在大家的固有观念里，贵州除了山多，要啥没啥，有也运不出去，自然条件不好是贵州的劣势所在。

但是，穷则思变，贵州的精明在于利用了这种劣势。在技术变革、战略转型的新时代大门前，贵州白手起家，一下子走在了全国前列，其发展大数据的道理，就在于积极抢占制高点，赢得发展先机，以创新驱动发展。

贵州虽然相对不发达，但信息恰恰是打破地区不平衡的重要力量。大数据产业对气候、土地、资源等自然条件的限制和要求很低，加上政府的开放包容和大力扶持，贵州得以抛除自己的劣势，在新兴产业上大展拳脚。

在许多资源型地区正陷于产业断层危机中时，贵州的转型之路无疑令人羡慕。一般情况下，区域往往会因为经济转型而出现产业秩序混乱和动荡，形成产业断层危机。比如，经济发育程度由不发达到较发达，经济体制由计划经济转为市场经济，技术与产业由传统型转向现代型，增长方式从粗放型转向集约型，金融体系从封闭管制型转向开放深化型，衍生出技术断层、产业断层、政策断层、体制断层、思路断层、市场断层等，形成经济内部某些方面的失调或者失衡，产生动荡与混乱。

在过去长期的计划经济体制下，国家实行垂直分工体系，把贵州定位为原材料生产基地。随着市场经济的发展，以原材料、初级产品生产为主的产业结构模式给贵州经济发展带来了一系列负面影响：产品附加值低，只能低价出售；产品科技含量不高，企业技术创新动力不足，人才难留等。贵州也曾经面临着技术断层、产业断层、政策断层、思路断层、人才断层等方面的危机。

但现在，这些危机正在逐一被破解。

作为偏远的落后省份，贵州过去是求着人才来人才也不来，但这几年却有了明显的变化。

2015年，蚂蚁金服发布了全国首份基于互联网的《大学生就业流向报告》，对全国2 325所高校2010 ~ 2014年的毕业生进行了分析。数据显示，贵州在大学毕业生净流入的排行榜上名列第7，新来的毕业生人数是离开的毕业生人数的217%。

曾经作为偏远落后地区代表的贵州，现在正以自己的独特优势吸引来自四面八方的人才，而有了人才，还担心经济发展不起来吗？或许，这就是“贵州速度”的真正原因。有了人才，并以人才驱动创新，经济转型才更有底气。

## 二、紧抓人才，为持续增长上双保险

科技创新与社会发展的结合将会为经济持续健康发展、社会文明整体进步提供强大动力，贵州先行探索，为其他欠发达地区提供了一个思路，但同时也引出了更多疑问。

贵州使信息化大潮成为“载舟之水”，但如果后劲不足，是不是也可能成为“覆舟之水”？毕竟贵州已经投入了那么多财力和人力。

贵州政府2016年宣布，2015年大数据产业产值增长37%，这一数字非常可观，但增长的具体是哪些产业？如何维持后续的增长？如何保证大数据产业的质量？这些都是贵州目前需要考虑的问题。

目前，贵州正在积极引进和培养大数据人才，毕竟，大数据产业产值增长的质量，关键还是要看能否聚集人才。

以往，一穷二白的贵州难以留住优秀的人才，但是现在，很多在外的贵州籍人才都纷纷回乡创业，许多外地人也被贵州的大数据发展势头吸引而来。

发展要靠人才，没有人才基础和人才储备，想转型，只能是一句空话。

2015 年 1 月，贵阳市委市政府下发了《关于加快大数据产业人才队伍建设的实施意见》，明确提出，从 2015 年起，贵阳将在高校培养储备大数据人才、大数据企业培养引进人才、大数据人才创新创业和提升大数据人才待遇四方面给予政策支持。对拥有 1 名领军人才和 3 名以上核心成员的大数据创新创业团队或初创企业，将给予最高 500 万元创业启动资金。在依托高校培养储备大数据人才方面，对于高校、职业院校等，贵阳对新获批建设的大数据相关专业博士点、硕士点、本科点、专科（高职）点，将分别给予 50 万元、30 万元、10 万元、5 万元的一次性奖励。

此外，在支持大数据企业培养引进人才方面，贵阳鼓励校企合作共建培训基地，将根据发展规模给予 50 万元 ~ 200 万元奖励。而对大数据企业、科研机构引进高层次人才的，市级层面将按照最低每人 1 万元、最高每人 20 万元的标准给予用人单位奖励或补贴。

在 2016 年 5 月举行的贵阳国际数博会上，贵州省委组织部、贵州省人力资源和社会保障厅、贵州省经济和信息化委员会共同举行大数据人才引进专项发布会，并承诺对不同类型人才给予资金、住房、科研、职称评定等方面的优惠政策。比如，对在贵州服务一定年限的中国科学院院士、中国工程院院士，给予100万元的购房补贴；入选贵州“百人领军人才”和“千人创新创业人才”的人才，第一年可分别获得100万元、50万元的奖励，并获得办公场所、科研设备、工作助手等配套服务，第二年、第三年完成预期目标，可继续获得奖励。对贵州大数据发展做出突出贡献的，可获得贵州省委省政府授予的“黔灵科技贡献奖”及100万元奖励。贵州省还为引进的人才提供科研项目、职称评定、住房保障、子女就学等多方面的服务，这些富有吸引力的人才政策正在加速汇聚贵州持续发展的关键力量。

本地培养与从外引进相结合，用开放包容的环境、优惠的政策留住人才，是贵州新兴产业持续增长的关键。在这方面，贵州可以走得更远。

# 第十一章 新工业时代

## 第一节　触摸2025

### 一、重回“全球制造业第一”

2010年在CCTV财经频道热播的纪录片《华尔街》中，有一组数字颇为亮眼：“1860年在全球制造业总产值中美国只占1.8%，处于世界第一的是中国，占到32.9%。而到了1900年，美国成为世界第一，占到15.8%，中国占到11.1%。”

英国著名经济学家保罗·贝洛赫在《1750—1980年国际工业化水平》中提到过一个估算的数字，在1750年，中国占世界工业总产值的32.5%，直到1830年，仍然占到29.8%，是名副其实的世界第一。

这些数字对当时闭关锁国的中国来说，是没有多大意义的。这种“神话第一”，看起来辉煌无比，但其实就像瓷器一样，美丽、精致，但是易碎。欧洲凭借其强大的技术革新力量强占中国全球制造业第一的地位，中国“神话第一”的地位也走到了尽头。

中国终于在150多年后又拿回了“全球制造业第一”的桂冠。根据一份美国经济咨询机构的研究报告，中国在世界制造业产出的占比达到19.8%，比美国高出0.4%。更有专家宣称到2025年，中国将占全球制造业产值的31%。

就连美国人自己也离不开“中国制造”，如果没有“Made in China”，圣诞节会黯然失色，家用电器的故障足以引起一场家庭危机，没了中国制造的玩具，也会让孩子屡屡失望。但中国的一名小伙子却为了一台iPad决定卖掉自己的肾。

中国制造与美国制造的差别也正在于此，当美国以高新技术作为制造业的主力时，中国则得意于东莞小工厂里密集劳作生产的牛仔裤和运动鞋。如果说19世纪中国制造业第一的神话，是由易碎的瓷器和易霉的丝绸堆垒起来的话，那么，今天中国所谓制造业第一，背负的是“世界工厂”的压力。中国又被扔到了十字路口。

“中国制造”曾经确实功不可没，但过去的辉煌并不能让制造业走出眼前的困境。近几年，受全球整体经济不景气和中国原材料及人力成本高速增长影响，中国制造业产值增速有所下滑。作为我国国民经济的支柱产业，制造业是我国经济增长的主导部门和经济转型的基础。可以说，制造业转型成功与否，决定着中国产业结构转型的成败。

## 二、“中国制造2025”愿景

德勤全球行业及高级客户咨询顾问Gary Cloeman在接受和讯网采访时表示，中国制造业目前虽然以2.5万亿美元产值居世界第一，但人均只有 2.6 万美元，仅为美国的 15.6%。

从人均制造业产值来看，中国还是个小国。从国家创新能力来看，据《国家创新指数报告 2015》，2015 年中国的创新能力全球排名第 18，美国排第 1，复苏制造业谁更有优势？

中国提出“中国制造 2025”的愿景，希望从制造大国转型为制造强国。

2014 年 12 月，“中国制造 2025”这一概念首次被提出。

2015 年 5 月 8 日，国务院正式印发《中国制造 2025》。

为什么要提“中国制造 2025”？

中国制造经过几十年的高速发展，已经成为世界一大特色。改革开放初期，中国制造面临着诸多有利条件，比如说，材料资源充足、劳动力充足、人力成本低廉、产品奇缺、政策支持等。

但是，任何事物的发展都有利有弊。中国制造虽然远销海外，但也存在许多问题。中国制造在创造种种奇迹的同时，自身拥有的优势也在逐渐消失。比如劳动力减少、人力成本高企，这些都在影响中国制造的发展。

中国制造要想继续活下去，就必须求新、求变，提升自己的核心竞争力，积极寻求能够帮助产业升级的机遇，比如把握住如今的工业 4.0 时代机遇。

那么，什么是工业 4.0 时代？这个概念是相对于工业发展史上的工业 1.0 时代、工业 2.0 时代、工业 3.0 时代而言的。

工业 1.0 时代指的是 18 世纪后半叶始于英国的第一次工业革命，蒸汽机的发明标志着机械逐渐取代了人力，人类由此进入蒸汽时代。

工业2.0时代指19世纪末期的第二次大变革，也称为“电气时代”，工业领域由此迈入了生产线发展的新阶段，开创了产品批量生产的新模式。

工业3.0时代始于20世纪50年代，当时第一台计算机面世，世界工业进入了象征意义上的第三次工业革命。但真正大规模进入工业3.0时代，是从20世纪70年代开始的。这时候电子与信息技术已经被广泛应用，可编程逻辑控制器也开始应用于工业。这一应用再次解放了生产力，使制造过程不断实现自动化。

至于工业4.0时代的概念，是在2011年才开始出现的，最早由德国提出。2011年，德国举办“汉诺威工业博览会2011”时，提出了这个概念。2012年10月，德国产业经济研究联盟及其工业4.0工作小组提交了它们的最终报告草案——《确保德国未来的工业基地地位——未来计划“工业4.0”实施建议》。自此，工业4.0正式问世了，并很快成为各个国家的热门词。

在德国，工业4.0被认为是以智能制造为主导的第四次工业革命，旨在通过深度应用信息技术和网络物理系统等技术手段，将制造业向智能化转型。尤其是在制造业领域，工业4.0被认为是将各种信息、物品、资源和人融合在一起，相互联网的众多信息物理系统，即“物联网”。

简而言之，工业4.0就是指通过现实生产与互联网虚拟生产相结合的方式，使制造业实现低成本、高效率、节约资源、生产更加灵活、上市更加迅速、产品更加个性化等目标。如今，德国对于工业4.0的阐释已经被大多数国家认同和接纳。

在这个大背景下，中国政府提出“中国制造 2025”就显得有战略眼光了。

“中国制造 2025”的根本目标在于改变中国制造业“大而不强”的局面，通过 10 年的努力，使中国迈入制造强国行列，为到 2045 年将中国建成具有全球引领和影响力的制造强国奠定坚实基础。

“中国制造 2025”坚持“创新驱动、质量为先、绿色发展、结构优化、人才为本”的基本方针；坚持“市场主导、政府引导，立足当前、着眼长远，整体推进、重点突破，自主发展、开放合作”的基本原则，通过三步走实现制造强国的战略目标：

第一步：力争用十年时间，迈入制造强国行列。

到 2020 年，基本实现工业化，制造业大国地位进一步巩固，制造业信息化水平大幅提升。掌握一批重点领域关键核心技术，优势领域竞争力进一步增强，产品质量有较大提高。制造业数字化、网络化、智能化取得明显进展。重点行业单位工业增加值能耗、物耗及污染物排放明显下降。

到 2025 年，制造业整体素质大幅提升，创新能力显著增强，全员劳动生产率明显提高，两化（工业化和信息化）融合迈上新台阶。重点行业单位工业增加值能耗、物耗及污染物排放达到世界先进水平。形成一批具有较强国际竞争力的跨国公司和产业集群，在全球产业分工和价值链中的地位明显提升。

第二步：到 2035 年，我国制造业整体达到世界制造强国阵营中等水平。创新能力大幅提升，重点领域发展取得重大突破，整体竞争力明显增强，优势行业形成全球创新引领能力，全面实现工业化。

第三步：新中国成立100年时，制造业大国地位更加巩固，综合实力进入世界制造强国前列。制造业主要领域具有创新引领能力和明显竞争优势，建成全球领先的技术体系和产业体系。

目前，首个“中国制造2025”试点示范城市确定为宁波市。相信中国制造业不久后会重新焕发生机。

## 第二节　软工业的未来之路

### 一、实施创新驱动战略

无论是工业4.0时代，还是重振中国制造业，其核心都是“创新”二字，根本出路是创新驱动。

中国面临新的科技革命和产业变革的大问题，实际上这个问题在多年前就已在政府、产业界和学术界掀起了一场讨论：从全球历史来看，创新周期和经济发展周期是逆向分布的，经济不景气的时候恰恰是创新比较活跃的时期。

经过几年的探索，看法越来越集中，就是新一代信息技术、互联网技术和制造业的深度融合。这一点，中国政府高层已经意识到。

党的十八大以来，创新驱动发展战略在神州大地落地生根，引领中国经济不断向前。十八届五中全会提出的“创新、协调、绿色、开放、共享”五大发展理念，创新发展居于首要位置，是引领发展的第一动力。国家把创新提到了史无前例的高度，创新是引领未来发展的第一动力。

具体来说，在创业创新方面，政府提出，要发挥大众创业、万众创新和“互联网+”集众智汇众力的乘数效应，打造众创、众包、众扶、众筹平台，构建大中小企业、高校、科研机构、创客多方协同的新型创业创新机制。建设一批“双创”示范基地，培育创业服务业，发展天使、创业、产业等投资。

可以预见的是，创新的理念在未来几年会在中国各地开花结果。

当回归工业成为世界主要国家的发展共识，创新正是推动新一轮工业革命的重要引擎。

## 二、对人才的要求更高

在技术发展日新月异的时代，“工业 4.0”这一概念从模糊到清晰，从“纸上谈兵”到“身经百战”。

回顾以往工业革命的三次历史，每一次都是在新技术与高科技人才的配合下推进的。那么，工业 4.0 时代对人才的要求有哪些？

2015 年 5 月 16 日，在广东省揭阳市举办的首届中德中小企业合作交流会上，德国史太白技术转移机构驻中国的首席代表秦燕做了一场非常精彩的发言。在发言中，她重点提到了人才在工业 4.0 时代的重要性，并希望所有转型工业 4.0 的企业在人才方面加大投入，否则就会因为人才的不给力而产生木桶效应，严重制约企业在工业 4.0 时代的发展。

工业 4.0 对人才的要求更高了，特别是对一线的人才要求越来越高。此外，对人的能力、素质、前瞻性、组织能力、沟通能力、综合能力的要求也越来越高。这种要求不仅仅是对管理层，而是对整个产业的人才。

所以，在未来的工业改革中，无论是政府还是企业，都要加强人才开发培养，不仅要做大人才增量，盘活人才存量，更要增强人才创造活力，提高人才的综合能力，做到人尽其才、才尽其用。

# 第五篇

## 重建：创新增长版图

# 第十二章 洗牌全球增长势力

## 第一节 中国式创新增长

### 一、谁会是下一个世界经济引领者

惊讶于中国的快速发展，英国首相2011年11月访华时直言，中国很快将会恢复世界第一大经济体的地位——18世纪之前它一直占据世界经济霸主地位。

稍微了解中国历史的人都知道，唐朝是中国历史上最为辉煌的一个王朝，它的高度文明影响了日本、朝鲜等许多国家和地区，是当时世界上最强大、最先进的国家。但是，17世纪荷兰迅速崛起，18世纪英国崛起并取代荷兰成为世界经济霸主，一度号称是“日不落帝国”。第二次世界大战后，“日不落帝国”被美国取而代之。直至今日，美国依然是世界第一大经济体。所以有人说：曾经，世界是“欧洲”的；一度，世界是“美国”的。但是现在也有人说：将来的世界，是“新兴国家”的。世界经济发展的速度，快到令人始料不及。

人类从旧石器时代到1500年，世界人均GDP达到了90国际元，花了 99.4% 的时间。然后到 1750 年，世界人均 GDP 达到 180 国际元，花了 0.59% 的时间。从 1750 年到 2000 年，世界人均 GDP 增加了 37 倍，达到 6 600 国际元，只花了 0.01% 的时间。换句话说，人类 97% 的财富，是在过去的 250 年——也就是在 0.01% 的时间里创造的。在这最近的 250 年里，经济发展的速度是惊人的。

从 18 世纪后半叶始于英国的第一次工业革命（也被称为“蒸汽时代”），到 19 世纪末期的第二次工业革命（也被称为“电气时代”），再到 20 世纪 70 年代开始的第三次工业革命（也被称为“计算机时代”），三次革命间隔的时间越来越短，从第一次到第二次花了一个多世纪时间，从第二次到第三次则缩短为几十年时间。这三次革命也是工业 1.0 时代到 3.0 时代的历史演变。现在，第四次革命正在打响，工业 4.0 时代正在到来。

从工业 3.0 时代到工业 4.0 时代，虽然界限并不明确，但它所需要的时间无疑又大大缩短了。并且，它为许多发展中国家提供了新的机遇。在新的机遇面前，发展中国家与发达国家的差距缩小了，大家似乎史无前例地站在了同一起跑线上。在这一形势下，世界经济将面临“大洗牌”。

回顾近代中国的经济发展史，我们不难发现，前三次工业革命我们都是落后于传统发达国家的，改革开放后才大步紧追，逐渐缩小了差距。如今，全球经济增速变缓，在新经济背景下，中国和传统的大国差距正在变小。尽管近两年中国经济增速变缓，但 GDP 增速仍然保持在 7% 左右，这在世界是排前列的，令不少经济停滞不前的传统大国羡慕不已。

中国无意称霸世界，但是，全球增长势力正在洗牌，谁会成为下一个经济霸主，我们拭目以待。

## 二、互联网巨头释放创新“DNA”

“中国式道路”曾在国际上被作为一个热门议题被研究。

如今，“中国式创新增长”也开始进入人们的视野。

2016年杭州G20峰会的主题是“构建创新、活力、联动、包容的世界经济体”，并且提出了要“创新增长方式”。这意味着各国都希望在创新这条道路上走得更远，创新不仅仅要看范围，更要看深度。

国家提出要“大众创业，万众创新”，许多大学生纷纷赶时髦，摆起了小摊，这勉强算是创业，为实体经济做了微小的贡献，但和创新不沾边。马云创立阿里巴巴也是创业，和摆小摊相比，阿里巴巴可以引领未来，改变世界，抵得上千千万万个小摊。所以，强调创新增长方式非常有必要。

2014年，美国股市成为中国电商的舞台，京东和阿里巴巴先后赴美上市吸引了全世界的目光，带动上千亿美元的资本浪潮。在互联网领域，BAT（指百度、阿里巴巴和腾讯）三巨头早已闪耀世界舞台。

毋庸置疑，中国已变成全球互联网大国，并在多方面引领着全球互联网创新。以企业级创新为例，BAT等公司无论从规模还是技术水平上已然形成中国式创新生态圈，并不亚于谷歌、微软等知名企业。

在历次产业革命中，科技文化创新是生产力变革的基础和先导，中国政府工作报告中将大众创业、万众创新列为经济发展的“双引擎”，G20 杭州峰会更是首次将“创新增长方式”列为会议的核心议题之一。可见 G20 成员在提升世界中长期经济增长潜力方面不约而同地将砝码压在了创新发展上。

近年来，科技创新在中国得到了前所未有的重视，尽管前方的路仍会存有不确定的因素，甚至坎坷也不会少，但创新的确为中国经济带来不少变化。

根据易观产业数据库发布的 2016 年第二季度《中国互联网广告市场季度监测报告》显示，2016 年第二季度中国互联网广告市场运营商市场规模为 634.6 亿元人民币，环比上升 17%，同比增长 19%。在运营商市场收入份额中，百度占比 26.9%，位居第一，阿里巴巴和腾讯以 23% 和 9.1% 分别位居二、三位。

随着互联网的不断升级迭代，互联网营销本身也在发生升级进化，百度的搜索推广也过了靠单一关键字支撑的时代，开始向着更具技术含量、更智能化的方向发展。近两年，百度的战略部署从“连接人与信息”转变到“连接人与服务”，深入移动端业务，同时在人工智能、大数据、语音图像识别等领域大力布局。

就在不久前，《麻省理工科技评论》评选出了全球 50 家“最智能”科技公司。在入选 2016 年“50 大创新公司”的企业中，除了阿里巴巴和腾讯，百度则凭借在人工智能领域一系列突破进步，领衔国内众多企业跻身榜单，排名第二。

凭借在世界互联网领域的地位，中国从 2014 年开始已经连开了三届世界互联网大会。习近平主席还出席了第二届互联网大会并发表了主旨演讲，足见中国政府对互联网的重视。

中国的互联网巨头已经成长为世界互联网巨头，中国已成为有资格与西方企业在全球创新赛场上竞逐的主体。特别在科技创新领域，中国的互联网公司更是不容小觑，不再仅仅是简单地模仿西方企业，更多的是创新后所呈现出的产品，它带有一定的中国特色，但产品自身的爆发力已远远超过西方企业。

## 第二节　人才回流

中国学生远赴国外留学已有 130 多年历史。自 1978 年改革开放后，出国留学又开始热了起来，开始是一些大学毕业生或者工作后的成年人到国外去继续深造。近年来随着经济全球化的发展，对国际化、复合型人才的需求增加，留学又掀起一个新高潮。早期的“留学潮”中出去的留学生，很多毕业后都留在了国外，造成了人才外流现象。不过这一现象在进入 21 世纪后有了很大的变化，人才外流变成了人才回流。

据中国教育部留学服务中心的数据，改革开放以来，我国出国留学人数稳步增长，到 2015 年年底，我国累计出国留学人数已经达到 404.21 万人，年均增长率为 19.06%。同时，回国人数也不断增加，从 1978 年的 248 人，增加到 2015 年的 40.91 万人，累计回国人数达到 221.86 万人，年均增长率为 22.46%。根据最近几年的数据，每年回国人数与出国人数的比例为 70% ~ 80%，即绝大多数留学人员学成后选择回国就业。教育部最近公布的数据显示，有 79.87% 的学成留学人员选择回国发展，留学回国人数年均增长率超出国人数 3.4 个百分点。留学回国就业人员的年龄主要分布在 23 岁到 33 岁之间，占比 95%。其中，80.7% 的留学回国就业人员具有硕士研究生学历，9.49% 有博士研究生学历，9.81% 具有本科和专科学历。2006 ~ 2015 年中国出国留学与留学归国人数见表 12-1。

表 12-1　2006 ~ 2015 年中国出国留学与留学归国人数

| 年份 | 出国（万人） | 增长率（%） | 回国（万人） | 增长率（%） |
|---|---|---|---|---|
| 2006 | 13.40 | 12.90 | 4.20 | 21.30 |
| 2007 | 14.45 | 7.94 | 4.40 | 6.58 |
| 2008 | 17.98 | 24.43 | 6.93 | 55.95 |
| 2009 | 22.93 | 27.50 | 10.83 | 56.20 |
| 2010 | 28.47 | 24.00 | 13.48 | 24.70 |
| 2011 | 33.97 | 19.32 | 18.62 | 38.08 |
| 2012 | 39.96 | 17.65 | 27.29 | 46.57 |
| 2013 | 41.39 | 3.58 | 35.35 | 29.53 |
| 2014 | 45.98 | 11.09 | 36.48 | 3.20 |
| 2015 | 52.37 | 13.90 | 40.91 | 12.10 |

数据来源：中国教育部留学服务中心。

留学回国人员具有较高的学历，在知识结构、工作能力和国际视野等方面具有明显的优势。虽然其人数仅占我国每年高等院校毕业生总数的 5% 左右，但留学回国人员已经成为我国人才市场备受关注的群体。

从表 12-1 中我们可以看到，从 2006 年到 2015 年，留学回国人数逐年增加，出国人数与回国人数的比例从 2006 年的 3.19∶1 变为 1.28∶1，这说明选择回国的人越来越多了。

之所以进入"海归回国潮"，是因为中国以它良好的经济发展势头、巨大的市场、发展机遇、创业环境，以及企业对国际化人才的旺盛需求，不断地吸引着各地人才回归，尤其是在国际金融危机后，一些国家的就业形势急转直下，更坚定了留学生回国的决心。在海外的精英们已纷纷意识到归国有实现更高事业价值的平台。《中国海归发展报告》国际人才蓝皮书的数据显示，78.4% 的留学生因为对国内职业发展有信心而回国。

这一波“海归回国潮”还有一个特点，就是不再集中在北京、上海这两个核心城市，而是追随产业制高点，在国内多点“落脚”，比如说到在大数据方面走在前沿的贵阳。

随着国内互联网平台、场景，以及构建的生态、用户数量、商业机会等外部条件迅速赶上甚至超过国际先进水平，中国互联网公司开始对海外人才产生巨大向心力。这其中，金融科技具有典型特色。以新金融领域的领军企业蚂蚁金服为例，该公司近年从海外挖了一大批高端金融科技和大数据人才，其超过 6% 的员工在海外拥有留学和工作经验。而这家公司所在的杭州，已经成为海归人才的重要落脚地之一。2014 年至今，杭州累计引进具有海外留学及海外工作经历的人才共 2.3 万人。落户杭州的海外精英 94.1% 集中于信息软件、金融服务等高端技术产业。

除了中国经济的崛起外，吸引海归回国的主要原因还有政策方面的。

“千人计划”“长江学者奖励计划”“百人计划”……从中央到地方层面的一系列政策措施，作用逐渐显现，对高层次人才的回国发展形成吸引力。截至 2015 年年底，“千人计划”已分 11 批引进 5 208 名海外高层次人才，各地也已吸引数万名海外人才回流，包括吸引海外高层次人才落户创业。

回顾人类史上每一场科技革命到来的前夕，无不是一群最优秀、最聪明、最勤奋的人，在对的时间，聚集在一个对的地方，朝对的方向顺势而为，推动人类文明和人类生活加速前进。当下的海外人才回流潮就是这个大趋势的写真。

# 第十三章
# 构筑高地

## 第一节　再造硅谷

### 一、谁能成为中国的“硅谷”

聚集着Facebook、苹果等上千家高科技公司总部的美国硅谷，被称作创业的圣地、创富的摇篮，俨然已成为高科技的代名词。一度，全世界的高科技人才蜂拥而往，以能在硅谷工作为荣。美国以此用最低的教育成本，获得了发展所需的大量人才。然而，经历了2008年的经济危机后，美国的经济一蹶不振，有留学生表示“是时候重新思考‘美国梦’了”。

美国的“硅谷”曾经是神话般的存在，吸引了全球目光。因为都意识到高科技在经济发展中的重大作用，各国涌现出不少效仿硅谷模式的高科技产业园区。在中国，“打造硅谷”的口号从来没有停过，不仅经济发达的一线城市提，连偏远的三四线城市也要赶时髦，但往往这些“硅谷”仅仅是指当地新开的科技园或者数码城而已。

不管怎样，打造中国的“硅谷”还是有必要的。北京、深圳和上海很早就提出要将发展高科技产业作为城市发展的重要目标，着力打造硅谷。曾经，北京的中关村被一致认为是中国的硅谷，是年轻人创业的天堂。上海也承担起建设全球科技创新中心的重要使命。

美国硅谷的本质是一个创新生态圈，通过资本、人才、信息、技术和顶尖大学等创新要素的有机链接聚合而成。创新生态圈的构建是一个庞大的工程，它需要创新企业、服务机构、科技金融、知识转移、创新要素聚集等各个领域、各个体系、各个链条的全方位的配合。

目前看来，深圳和杭州也有打造中国硅谷的明显优势。

深圳作为改革开放的前沿，是个年轻的城市，商业氛围浓厚，一向以创新特性而令人瞩目。无论是政策还是理念，深圳都领先全国，可以迅速把科研转化为商业产品，创业环境一流。加上深圳地理位置优越，交通便利，生活环境宜居，众多大企业都选择把总部设在深圳。

深圳作为与北上广齐名的一线城市，它的实力有目共睹，种种因素显示深圳有底气打造中国硅谷。

再来看杭州有哪些优势。

说到杭州，很多人都会想到马云和他的阿里巴巴。的确，杭州因为阿里巴巴这条大船，走得越来越远了。2014 年 11 月 19 日开始，浙江乌镇成为世界互联网大会永久会址，想必这与浙江近年来在互联网上的发展不无关系。

作为 BAT 三巨头之一，阿里之于杭州互联网的创业影响，意义深远。可以说，阿里凭借一己之力，把杭州这座城市拉到了中国创业四极之一的地位。迄今为止，百度、腾讯都已在杭州设立分支机构，而网易等泛互联网公司早被吸引过来。就连著名经济学家吴敬琏也说：“杭州，是中国极有可能成为硅谷的城市。”

根据《21世纪经济报道》2016年11月19日发布的文章《格局要变：7个城市正在崛起！其中4个可能成中国新“一线城市”》，杭州是4个可能成中国新“一线城市”的城市之一。

根据GDP指标，中国目前GDP达万亿的城市有10个，包括北京、上海、深圳、广州、重庆、成都、天津、武汉、苏州、杭州。另外，南京GDP也即将破万亿。也就是说，从经济实力上讲，北上广深以外的七座城市均有成为一线城市的潜力。万亿GDP俱乐部与第三产业产值占GDP比重见图13-1。

《21世纪经济报道》记者通过对这些城市的城市发展水平、综合经济实力、辐射带动能力、对人才吸引力、国际影响力、科技创新能力、交通通达程度等多个指标分析判断，认为未来4个一线城市可能会是杭州、苏州、武汉、天津。而杭州已经被社会各界公认为未来全国第五座一线城市。

2016年的G20峰会在杭州召开后，杭州的国际地位迅速攀升。接下来，杭州还将举办2022年亚运会。

虽然单就人口、GDP总量，杭州还只是全国第10，但在国内大城市中，杭州是屈指可数的连续6个季度保持两位数增长的城市，第三产业占比已达到61.1%。杭州的人均GDP和人均可支配收入排名靠前。

当某些城市还处于制造业发展阶段时，杭州依托阿里巴巴、

“五水共治”“三改一拆”，已经开辟了新的路径。过去 10 年间，杭州市第三产业增长速度明显超过北京、上海这样的一线城市。

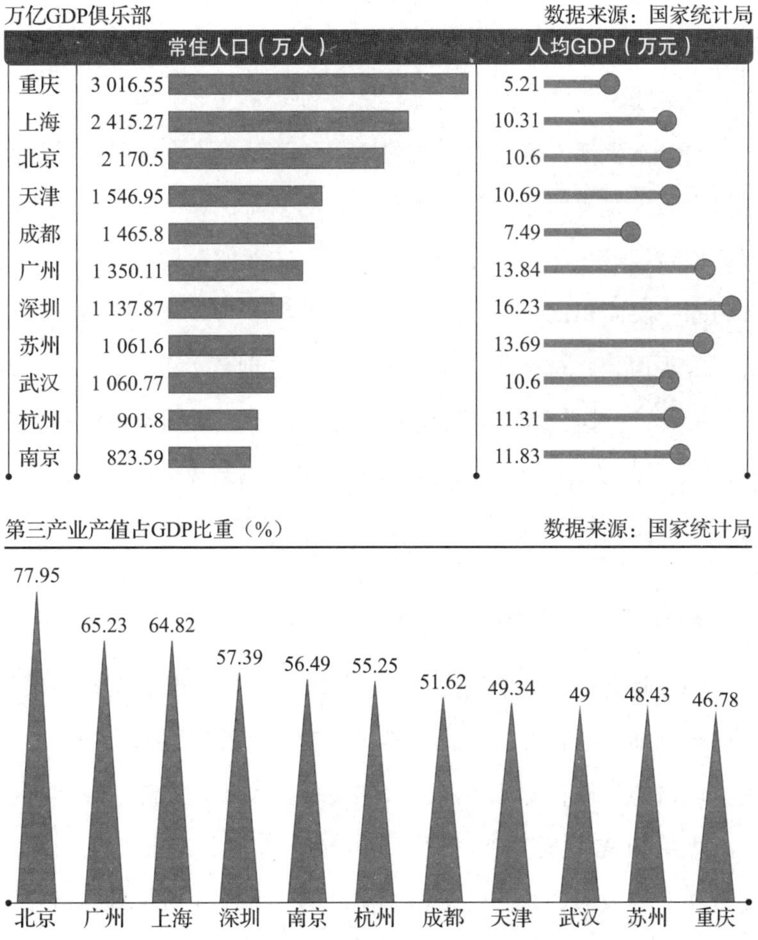


图 13-1　万亿 GDP 俱乐部与第三产业产值占 GDP 比重

资料来源：《21 世纪经济报道》。

因为阿里巴巴，如今的杭州已经形成了一个互联网生态圈。中国第一座互联网金融大厦的落户，吸引了大批互联网金融企业的入驻，包括蚂蚁金服、挖财、铜板街、51信用卡、恒生电子、数米基金网等。

北京大学互联网金融研究中心2016年4月发布的报告指出，互联网金融发展指数杭州居全国首位，拥有金融街、中关村的北京和拥有陆家嘴的上海，仅排在第7和第8位。

在日常生活方面，因为支付宝，杭州已成为全球最大的移动支付之城。技术的创新带来生活方式的创新，更带动整个城市的创业创新。近几年，杭州的创业氛围，经常被拿来与北京、深圳放到同一层面相比较。

宏观面上，杭州有1个国家级的自主创新示范区，2个国家级的高新区，2个国家级的双创示范基地，24个国家级的众创空间，19个省级的特色小镇，这些都是创新的载体。

所以说，杭州也有底气喊出“打造中国硅谷”的口号。

## 二、先有“人”才能谈再造硅谷

“21世纪什么最贵？人才！”葛优在电影《天下无贼》里的一句台词如今已经变成经典。美国的硅谷之所以能成为创业的圣地、创富的摇篮，源源不断到来的高科技人才是关键。

中国历史上至少有过两次留学潮，那时只有高精尖人才才能留洋。但遗憾的是，许多留学海外的人才毕业后都选择留在了国外，或因为国外有更丰厚的待遇，或因为更好的就业或创业环境。

印度媒体把人才“培养阶段”由本国投入成本、“产出阶段”却去了外国贡献的情况称为“奶牛现象”：牛的嘴巴在印度，吃的是印度的草，挤奶的却是外国人。

中国是目前世界上数量最大、损失最多的人才流失国。就绝对规模而言，中国人才的外流数量的确称冠全球。

如果我们聚焦中国高层次人才，就会发现他们的外流率颇为可观。美国《科学》杂志报道，2006年，美国博士生第一大来源学校是清华，第二大来源学校是北大。由于这些科学与工程博士大部分都在走着“在美工作—获得签证—申请绿卡—入籍成为美国人”的道路，因此美国《科学》杂志把清华、北大称作“最肥沃的美国博士培养基地”。仅2006年，北大、清华各有500多名本科毕业生在美国拿到博士学位，而且这些留美博士绝大多数选择继续留在美国工作。在美外国博士毕业5年后留在该国的平均比例约为六成，中国毕业生的这一指标却高达九成。

尽管我们说最近几年海外留学生回国的数量多了，回国人数的比例占出国人数的比例也高了，但不能仅仅盯着规模，还要看回国人才的层次。要知道，一个高层次人才所带动的效应是巨大的。“施一公效应”就是一个很好的例子。

2008年，留美学者施一公婉拒了美国霍华德·休斯医学中心（HHMI）的邀请，全职回到清华大学工作，任清华大学生命科学学院院长、教授、博导。清华大学常务副校长陈吉宁这样评价施一公的归国举动：“会带动大批一流的海外华人科学家回国工作。中国大学的教授队伍建设和学科建设，已经开始需要一大批国际性的大师级人物来领衔。”这种现象，被媒体称为“施一公效应”。

要打造中国硅谷，必须先把人才聚集起来。中国已经成为世界第二大经济体，由于全球经济低迷，以及某些国家的移民政策的变化，海外人才或许会将目光投向中国的就业市场。

2016 年 11 月，唐纳德·特朗普当选美国新总统。由于特朗普在竞选时一直声称要实施更强硬的移民政策，硅谷一些来自海外的员工开始担忧自己的前程。与此同时，中国一些企业高管则开始向硅谷人才抛出橄榄枝。

2016 年 11 月 18 日，百度公司创始人、董事长李彦宏在第三届世界互联网大会上称“我听说特朗普的顾问抱怨，硅谷 3/4 的工程师不是美国人。我希望这些工程师能来中国为我们工作。”

美国市场研究公司 Joint Venture Silicon Valley 的一项研究显示：在硅谷的圣克拉拉和圣马特奥——分别是英特尔和英伟达的家乡——约有 2/3 在计算机和数学领域工作的人都是出生于海外。

中国最大的科技公司，从腾讯到阿里巴巴等，在过去几年中已经发展成为国内强大的经济实体，部分原因是它们吸纳了中国出生但外国培养的人才。

李彦宏在大会上称：“许多硅谷工程师对美国的创新能力表示关切。过去，中国的 IT 公司只能从海外引进中国出生的工程师。现在，我们希望招聘更多来自世界各地不同背景的工程师，因为中国是发展最快的主要市场，所以让我们一起合作。”

李彦宏的话至少说明中国高科技企业迫切需要人才，而现在或许就是最好的机会：中国市场正繁荣，而美国市场低迷。

中国必须面对这个现实，在政策、行动上体现出真正重视人才，推动人才回归，通过完善有关评估、选拔、使用、激励人才的机制，以及整体的环境、土壤、配套政策，来挽留我们优秀的人才，吸引海外杰出的人才。诚如印度前总统卡拉姆所指："怨天尤人或只唱爱国主义的高调，对阻止人才流失于事无补，政府应该采取切合实际的措施，这样才能使人才留下来。"

当然，本地培养和吸引海外人才同样重要，只有"外引"和"内培"双管齐下，才能夯实打造中国硅谷的人才基础。

## 第二节　良禽择"业"而栖：人才政策哪家强

自古"良禽择木而栖"，哪里的就业和创业环境好，人才自然就会流向哪里。但是筑好了窝，引来了金凤凰，还要能留得住。

人才的重要性再怎么强调都不为过，无论是全国范围还是各省市，都出台了许多与人才相关的政策。对于引进来的人才，给予丰厚的优惠政策，对于本地人才的培养，也有诸多措施。我们将以深圳和杭州为例，看看这两个城市是如何为人才营造好的就业和创业环境的。

### 一、深圳：完善人才配套政策

让人惊叹的"深圳速度"，是靠人才拼出来的；各种各样的全国"第一""率先"，也是靠人才闯出来的。深圳要实现从"速度"向"质量"转变，最重要的就是人才支撑。"梧桐茂兮，凤凰来栖。"没有人才优势，何来发展优势、创新优势和产业优势？近年来，深圳在人才工作建设上屡放"大招"，推出各种配套政策，也因为此，与时俱进的深圳始终保持着强大的吸引力。

这些政策包括大幅放宽人才落户政策，将人才落户由积分制改为核准制，提高新引进人才的补贴标准等。

2016年3月，深圳市委、市政府出台《关于促进人才优先发展的若干措施》（以下简称《措施》），共有81条新政策促进人才优先发展，面向全世界揽才，努力把深圳市打造成“人才高地”。

按照新出台的《措施》，新引进基础性人才一次性租房和生活补贴提高到了本科每人1.5万元，硕士每人2.5万元，博士每人3万元。应届毕业生、新招调的在职人才、新引进的归国留学人员，均被深圳市视为新引进人才，可见补贴范围之广。

另外一个亟需解决的问题是住房。近年来，深圳的房价压力让很多年轻人望而却步，高房价也是深圳引进和留住人才的一大障碍。为了吸引人才、引入人才、留下人才，深圳向来非常重视推进人才安居工程。根据规划，“十三五”期间，深圳新筹集建设保障性住房和人才住房40万套，其中人才住房将不少于30万套。

上述《措施》在人才安居保障上也有较大突破，提出了六个方面的新措施或强化措施。包括：

未来5年筹集不少于1万套人才公寓房，供海外人才、在站博士后和短期来深工作的高层次人才租住，符合条件的给予租金补贴。

杰出人才可选择600万元的奖励补贴，也可选择面积200平方米左右免租10年的住房，选择免租住房的，在深圳市全职工作满10年且贡献突出并取得该市户籍的，可无偿获赠所租住房或给予 1 000 万元购房补贴。

符合条件的其他高层次人才，在享受相关奖励补贴的同时，可选择最长 3 年、每月最高 1 万元的租房补贴，也可选择免租入住最长 3 年、面积最大为 150 平方米的住房。

人才申请轮候公共租赁住房，不受缴纳社会保险时间限制。

在深圳市工作的外籍人才、获得境外永久（长期）居留权人员和港澳台人员，在缴存、提取住房公积金方面享受市民同等待遇。

人才安居工程是深圳主推的人才配套政策，此外还有子女入学政策、人才医疗保障制度等一系列的配套措施。2016 年年底前，深圳将有 30 所新改扩建学校投用，计划 2025 年拥有 20 所左右高校。此外，还有 15 个重大医疗项目、高等医学院校等建设项目正在大力推进。

2016 年 10 月 9 日，全国首创的深圳市人才研修院正式揭牌成立，总金额 1 500 万元的人才引进培养奖金同时发放，院士培养单位获奖 500 万元。按照“资源整合、集约利用、突出特色、打造品牌”原则，研修院主要职能是为高层次人才提供研修培训、举办群英会和人才创新项目路演、推动资智与企智对接、提供人才学术和创客创意交流平台、推介深圳人才政策、宣传展示人才科技成果等。该研修院为高层次人才提供了交流的平台，可以最大限度激发人才创新创业活力，加快建成现代化国际化创新型城市。

深圳强有力的人才引进配套政策，不仅是对知识的尊重，更有利于营造尊才、爱才、惜才的良好氛围，将更好地激发各类人才干事创业的激情，为深圳继续高速发展提供强有力支撑。

## 二、杭州："北上深"之后的又一个人才高地

美国的"BLACKHAT"（世界黑帽子大会）是公认的世界信息安全行业的顶级盛会，只邀请世界各地相关企业、政府、学术界及民间的顶尖高手参加。第一个登上"黑帽子"大会演讲的中国人，名叫范渊，一位毕业于美国加州州立大学的计算机科学博士。

2005年，范渊受邀登上美国拉斯维加斯黑帽子大会，发表互联网异常入侵检测演讲，在业界声名鹊起。2007年，他被杭州"引进"，携妻带子落户高新（滨江）区，创办杭州安恒信息技术有限公司。此后范渊的公司迅速发展，成为北京奥组委、国庆60周年庆典、上海世博会、广州亚运会、世界互联网大会等的网络安全产品服务提供商，在业界奠定了领军地位。

范渊本人先后入选浙江省"千人计划"、国家"千人计划"。2016年6月，他还获得了杭州对人才奖励的最高荣誉——杭州市第四届杰出人才。杭州市杰出人才每三年评定一次，前三届已评出59位。首届评定是在2006年，当时获评的19位人才中，包括马云和宗庆后。

范渊是杭州在人才引进上的一个成功案例。

近年来，杭州不断在人才工作上下工夫，通过政策创新、服务优化来涵养"人才生态"，为"创业高地"增添长久动力。

浙江省委常委、杭州市委书记赵一德曾经说过，引才育才，不拼重金拼环境，政府部门工作人员要不断提升服务意识、能力

水平。这充分说明杭州求贤若渴。

2015年，杭州出台“人才新政27条”，一改以往按领域划分人才的做法，而以能力水平和业绩贡献将人才分为5个层次，并建立“偏才”“专才”认定机制，使得人才在纵向、横向上实现更大范围的覆盖。住房补贴、免费办公场地、配备健康顾问……从世界顶尖人才，到国家和省市的高端人才，甚至是“偏才”“专才”，都能享受到资助、户籍、住房、医疗、社保等多方面的优惠政策。

杭州人才新政对高层次人才的界定：高层次人才是指根据杭州市现行人才分类目录，经认定的具有较高学术造诣和较强创新创业能力的国内外顶尖人才（A类）、国家级领军人才（B类）、省级领军人才（C类）、市级领军人才（D类）和高级人才（E类），其中，A、B、C、D为高端人才。同时，对杭州产业发展急需、社会贡献较大、现行人才目录难以界定的“偏才”“专才”，经认定后，也可以享受相应的人才政策。

杭州还给人才新政同步配套了15个制度和45个操作细则，形成“1+X”政策体系，使新政的每一个政策点都有具体遵循的操作路径。

比如，将重大人才项目创业资助额度提到1个亿；实施小客车上牌补贴等政策；首次出台人才分类认定办法；首次设立杭州科技创新发展院，专门为高层次人才离岗创业提供事业编制保障；首次将优化后的人才工作目标责任制考核，纳入全市综合考评体系等。

2016年11月9日，浙江·杭州国际人才交流与项目合作大会在杭州国际博览中心举行，吸引了3 000多名海内外人士参加。该大会包括海外留学人才项目与技术合作洽谈会、海外高层次人才创新创业重点项目发布、高端外国专家（非华裔）及组织项目对接洽谈等主题活动。此前，组委会共收到33个国家和地区的1 200余名海外留学人员报名。大会共征集到创新创业项目1 300余个。项目涉及电子信息、生物医药、新能源、新材料、环保等多个领域，80%以上的项目属于省、市重点发展产业项目。

大会首日现场就签约项目187个，签约总金额达20.5亿元。自2009年起，杭州已成功举办七届国际人才交流与项目合作大会，引进了一大批高层次人才和项目，打响品牌，成为海内外引才的“金名片”。

除引进人才外，杭州在本土高层次人才培养方面也有诸多举措：

实施“131”中青年人才培养计划，对不同层次的培养人选，分别给予3万～13万元资助，组织培养人选开展国内外进修培训、导师结对等学术交流，提高专业能力。

实施创业培养系列工程，加强民营企业经营者培训，探索建立一批由大专院校、行业组织、知名民企和网络媒体等共同参与的经营者素质提升培训基地。

创办“杭商学堂”，重点培养企业高级经营管理人才和新生代企业家。

围绕杭州市信息经济、智慧经济发展需要，加快互联网、云计算、大数据、金融、文化创意等产业人才的培养。

在高技能人才培养方面，杭州也有一套资助政策：

对列入高技能人才培训补助计划的项目，给予全额资助；对杭州市企业、培训机构按规定直接培养或输送培养高技能人才的，按培养人数和技能等级给予每人 500 ~ 1 000 元资助；对在杭高校、高职院校、技工院校学生在毕业前取得高级及以上职业资格证书的，给予每人 2 000 元资助；被评定为杭州市首席技师的给予每人 2 万元资助；开展“新技术、新工艺、新材料、新设备”等高技能人才的素质提升培训，按人均 1 000 元资助；加强技能大师工作室建设，对认定满 3 年的市级技能大师工作室进行考核评估，根据考核绩效，对评估优秀的给予 5 万元资助。

古语说“良禽择木而栖”，而人才之所以选择一座城市，除了看重优惠的扶持政策，还会看那里是否有长远的发展前景，是否有一展拳脚的事业平台。所以，一座城市要想彻底留住人才，搭建事业平台激活人才潜力很重要。

城市是一个提供人才发展的平台，城市的发展水平越高，人才的凝聚力就越强。人才是流动的，哪个城市有吸引力，自然就偏爱哪个城市。所以，城市要创造更好的条件吸引和留住人才。反过来说，城市的发展也离不开人才，城市转型升级首先要在产业上转型升级，而产业上的转型升级，最大的瓶颈还是在人才。杭州近年来在新兴产业，尤其是互联网方面发展得这么好，正是因为杭州有很多的新兴人才集聚。

## 第三节　激活人才自生内循环

我们先来看一个词：薪酬。

薪酬是人力资源和企业用人战略最核心的一个词。《新华字典》对薪有四个解释：一指工资，二指劳动所得，三指物质的回报，四指合作的结果，都和物质有关。很多人以为只有开工资才叫薪，奖金和提成都不叫薪。这是认识上的错误。

那什么叫酬呢?《新华字典》上解释：敬重与报答。它是一种精神。所以，薪酬就是物质加精神。企业对员工的吸引力，除了有物质层面的，还要有精神层面的。如果没有精神，员工没有归属感，那只能和企业谈钱了。

从宏观上来说，人才资源是经济增长动力，所以人才培养事关国家未来。从微观上来说，人才事关一个企业的生死。这一节我们就从微观方面来说说，作为企业应该如何通过内部的“精气神”吸引和留住人才，如何创新人才培养机制，激活人才的潜能。

## 一、竞争上岗，鼓励创新

人才成长开发的制度创新是一项艰巨而复杂的系统工程，要想取得实质性成效和阶段性成果，必须紧紧围绕对人才成长有重大影响、人才普遍关注、长期没有解决好的问题寻找对策，从机制角度谋求人才成长发展。

企业应该建立以竞争上岗和岗位交流为主体的人才成长机制。一些大型企业在干部的选拔任用方面存在着标准模糊及决策过程不规范等问题，限制了员工的职业生涯发展和企业的长远发展。随着知识、人力资本价值和地位的提高，大型企业应建立以竞争上岗和岗位交流为主要形式的多元化人才成长机制，从而发掘内部人才市场的优势。

竞争上岗，即在一定的资格条件下，通过综合心理测评、综合知识笔试、专家答辩、组织考察、集体决策等环节，逐层淘汰，选拔出业绩、能力、综合素质突出和符合企业发展需要的人才。在企业人才尚不具备正常晋升途径以及岗位空缺出现断层的前提下，实行竞争上岗的形式，有利于促进企业内部优秀人才的脱颖而出，调动人才的积极性和工作热情，使之看到企业和员工共同发展的前景。

创新永远是保持企业活力的重要途径。企业应该鼓励员工创新，有想法、有行动的员工可以破格提拔，给创新型人才开辟一条便捷的晋升通道。

## 二、加强培训，人尽其用

不思进取的员工一定不是好员工。企业应该创造条件让员工不断学习，提升自我。我国一些企业往往存在干部年龄偏大、知识老化、培训费用投入过少等问题。因此，要改变现状，企业必须加大对人才培训的投入，制订与人才使用相结合的培训计划，包括面向晋升、面向岗位轮换、面向挂职锻炼、面向选拔后备干部的培训，从而创造企业文化氛围，开发人才的潜能并且使人才得到合理的使用。

## 三、多元培育，因材而用

优秀人才的成长不是一蹴而就的，他必须经历一个成长的周期。就人才而言，知识也会折旧，人才若不能持续加以训练与教育，不但其所具备的知识跟不上时代步伐，也可能丧失持续学习以更新自身知识的能力。

人才的可变性决定了育才的方式应该多元化。企业必须大胆突破培养模式，创新育才方式，按照不同岗位、职位的需要，早选苗子，建立后备人才库，设计科学的培养轨迹，超前培养、梯次培养；对在工作中已经崭露头角或表现出较强才能的员工，要及时、大胆地启用，促其尽快锻炼成才；要投入更多资源对人才持续加以训练与教育，提升人才培养之效能，充分营造人才辈出和人才带动的良好局面。

# 第十四章
# 几 何 扩 张

## 第一节　创新加速度

我们先来看一组数据，见表 14-1。

表 14-1　1980 ~ 2015 年 GDP 及增长率

| 年份 | GDP（亿元） | 增长率 |
|---|---|---|
| 1980 | 4 545.62 | 7.8% |
| 1981 | 4 891.56 | 5.2% |
| 1982 | 5 323.35 | 9.1% |
| 1983 | 5 962.65 | 10.9% |
| 1984 | 7 208.05 | 15.2% |
| 1985 | 9 016.04 | 13.5% |
| 1986 | 10 275.18 | 8.8% |
| 1987 | 12 058.62 | 11.6% |
| 1988 | 15 042.82 | 11.3% |
| 1989 | 16 992.32 | 4.1% |
| 1990 | 18 667.82 | 3.84% |
| 1991 | 21 781.50 | 9.18% |
| 1992 | 26 923.48 | 14.24% |
| 1993 | 35 333.92 | 13.96% |
| 1994 | 48 197.86 | 13.08% |

（续）

| 年份 | GDP（亿元） | 增长率 |
|---|---|---|
| 1995 | 60 793.73 | 10.92% |
| 1996 | 71 176.59 | 10.01% |
| 1997 | 78 793.03 | 9.30% |
| 1998 | 84 402.28 | 7.83% |
| 1999 | 89 677.05 | 7.62% |
| 2000 | 99 214.55 | 8.43% |
| 2001 | 109 655.17 | 8.30% |
| 2002 | 120 332.69 | 9.08% |
| 2003 | 135 822.76 | 10.03% |
| 2004 | 159 878.34 | 10.09% |
| 2005 | 184 937.37 | 11.31% |
| 2006 | 216 324.43 | 12.68% |
| 2007 | 265 810.31 | 14.16% |
| 2008 | 314 045.43 | 9.63% |
| 2009 | 340 902.81 | 9.21% |
| 2010 | 401 512.80 | 10.45% |
| 2011 | 473 104.05 | 9.3% |
| 2012 | 519 470.10 | 7.65% |
| 2013 | 568 845 | 7.67% |
| 2014 | 636 463 | 7.4% |
| 2015 | 676 708 | 6.9% |

数据来源：国家统计局数据中心。

从数据可以看出，中国36年来的经济发展都是向前的，虽然这中间有过波动，但整体趋势还是好的。36年间，有16年的GDP增长率超过10%，有26年的增长率超过8%。

改革开放30多年来，高速增长是对中国经济运行态势最鲜明的诠释，中国是世界上经济增长最快的国家之一，也是世界上国内储蓄率水平最高的国家之一。

世界银行的统计显示，1978 ~ 2013年，中国平均GDP增长率达到9.83%，在全球206个国家和地区中居于第二位。“中国速度”令世界刮目相看。

但是，2012年中国的GDP跌破了“八”，此后2013年和2014年，均在“七上八下”，2015年甚至下降到了6.9%。经济的下行趋势打破了过去的“唯GDP论”。高层近年频繁提到经济已经进入“新常态”，“新常态”最基本的特征，就是中国经济增长速度较以前下了一个大台阶，超高速增长时期已告一段落，真正进入了经济换档期。中国政府不再只追求速度，而是主动放慢脚步，寻求科学发展之路。

但是，中国的经济并没有因放慢脚步而失去活力。

党的十八大明确提出，“科技创新是提高社会生产力和综合国力的战略支撑，必须摆在国家发展全局的核心位置。”强调要坚持走中国特色自主创新道路，实施创新驱动发展战略。

创新驱动发展战略有两层含义：

一是中国未来的发展要靠科技创新驱动，而不是传统的劳动力以及资源能源驱动。

二是创新的目的是驱动发展，而不是发表高水平论文。

党的十八大报告提出，到2020年我国进入创新型国家行列。国际上普遍认可的创新型国家，科技创新对经济发展的贡献率一般在70%以上，研发投入占GDP的比重超过2%，技术对外依存度低于20%。

虽然目前我国的科技进步对经济发展的贡献率还未达到70%，但趋势是向好的。来自中国科技部的数据显示，“十二五”

以来，中国的科技进步贡献率已由50.9%增加到55.1%。而根据《“十三五”国家科技创新规划》的目标，到2020年，这一数字将提高到60%。创新正在成为中国发展的最强驱动力。

我国国家创新指数世界排名见图14-1。

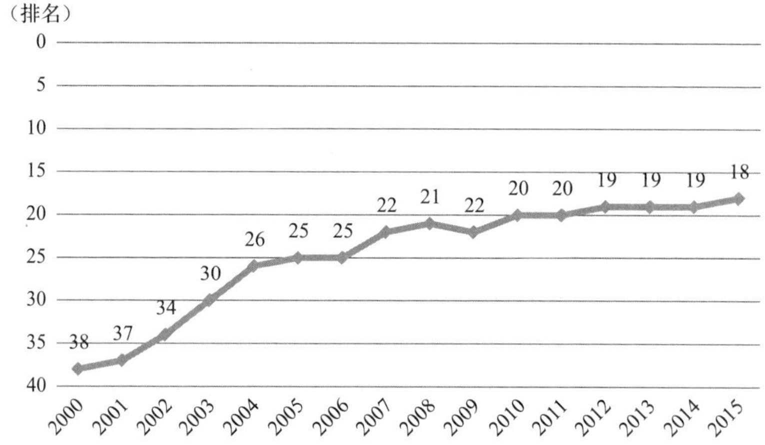


图14-1 我国国家创新指数世界排名

数据来源：中国科技部网站。

从图14-1可以看出，中国的国家创新指数世界排名从2000年的38位上升到了2015年的18位，这说明我国与创新型国家的差距进一步缩小。

《国家创新指数报告2015》显示，当前美日欧引领全球创新的格局基本稳定，前10位分别是美国、日本、瑞士、韩国、丹麦、德国、瑞典、英国、荷兰和新加坡。中国排名超越澳大利亚，居世界第18位，如期实现国家“十二五”科技规划提出的发展目标。目前，中国创新能力遥遥领先于同一经济发展水平的国家。

据中国科学技术发展战略研究院副院长武夷山说，根据国家创新指数历年结果分析，参评的40个国家可划分为三个集团。综合指数排名前15位的国家为第一集团，均为公认的创新型国家；第16位至30位为第二集团，主要是其他发达国家和少数新兴经济体；第30位以后为第三集团，多为发展中国家。分属于三个集团的国家排名保持相对稳定，集团之间较难跨越。

中国目前排在18位，还属于“第二集团”。现在，我们与排名第17位的爱尔兰相比，仅存在0.01分的微弱差距，与第一集团国家的差距也在进一步缩小。

近年来，我国R&D经费投入增加，R&D经费投入强度呈现逐年上升的趋势（具体见图14-2）。这也可以显示出我国的创新驱动战略正在发挥作用，创新活力和动力持续增强。

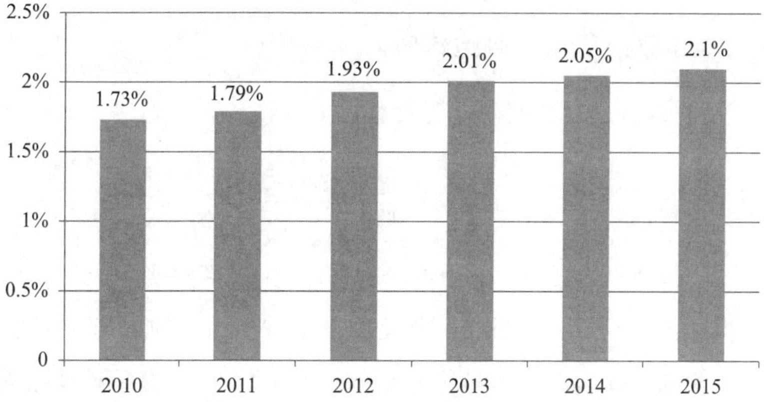


图14-2 我国R&D经费投入强度（2010 ~ 2015年）

R&D经费投入强度是指R&D经费投入与当年GDP之比，

这是衡量大国科技投入水平的最为重要的指标。

2015 年，全国 R&D 经费支出 14 220 亿元，比上年增加 1 154.3 亿元，比上年增长 8.9%，占国内生产总值的比重为 2.07%，提高 0.05 个百分点。目前，中国已成为仅次于美国的第二大研发经费投入国家，研发投入强度已经位居发展中国家前列。

虽然中国研发投入强度与部分发达国家 3% ~ 4% 的水平相比还有差距，但是正在呈现出逐年提升的趋势。目前已超过欧盟平均 1.94%（2014 年数据）的投入强度，达到中等发达国家 R&D 经费投入强度水平。

研发经费投入的增加为中国科技创新实现“并跑”和“领跑”创造了有利条件，为中国经济转型提供了“加速度”。

## 第二节　“互联网 +”人才：成就“长板效应”

### 一、互联网 + 行业：拥抱新形态

“互联网 +”这两年非常火，国家在谈，企业在谈，老百姓也在谈。

但目前对于“互联网 +”还没有一个公认的定义。据传“互联网 +”理念的提出，最早可以追溯到 2013 年 11 月马化腾在众安保险开业仪式上的发言。马化腾提出：“互联网加一个传统行业，意味着什么呢？其实是代表了一种能力，或者是一种外在资源和环境，对这个行业的一种提升。”

在 2015 年两会上，李克强同志在政府工作报告中提出，制

订“互联网＋”行动计划，推动移动互联网、云计算、大数据、物联网等与现代制造业结合，促进电子商务、工业互联网和互联网金融健康发展，引导互联网企业拓展国际市场。“互联网＋”这个概念因此成为热门话题。

据媒体报道，“互联网＋”战略也是全国人大代表、腾讯CEO马化腾2015年向人大提出的四个建议之一，按照马化腾的解释，“互联网＋”战略就是利用互联网的平台，利用信息通信技术，把互联网和包括传统行业在内的各行各业结合起来，在新的领域创造一种新的生态。

所以，简单讲“互联网＋”可以说是“互联网＋各个传统行业”，但两者并非简单相加，而是利用信息通信技术以及互联网平台，让互联网与传统行业进行深度融合，创造新的发展生态。

现在很多行业都和互联网结合起来了，比如互联网＋政务、金融、医疗、教育、农业等，这充分说明“互联网＋”有广阔的发展前景，一些较大的城市也做出了示范。

比如，在互联网金融方面，上海就走得比较远。2016年3月，中国互联网金融协会在上海成立。随后，上海市互联网金融协会也成立了。该协会是在互联网金融快速发展、急需监管的背景下成立的。2015年，上海率先发布了第一份省级互联网金融发展报告《上海互联网金融发展报告（2015）》，2016年的也已经发布。相信建立了规范的行业监管标准后，互联网金融会发展得越来越好。

在互联网政务上，全国许多城市都做得比较成熟了，当互联网和缴费、交通、税务等结合时，很多行政审批环节都可以简化了。互联网医疗方面就更惠及老百姓了。当咨询、预约、挂号、缴费都可以在手机上完成，看病的效率就更高了。

以互联网为核心的新一代信息技术的发展，在改变人们生活方式的同时，也深刻地影响着行业的变革。当一个行业与互联网的结合越来越紧密时，企业内部也必须进行改革，包括企业结构和发展思路上的改革。

根据中国互联网络信息中心CNNIC最新发布的《第37次中国互联网络发展状况统计报告》，截至2015年12月，有34%的企业在基层设置了互联网专职岗位，其中7人及以下微型企业比例为30.2%，而300人及以上规模企业设置专岗的比例接近4成；此外，有24.4%的企业不仅实现了互联网相关工作的专人专岗，还建立了专职团队。

## 二、互联网+人才：突出“长板”优势

与“互联网+”如火如荼的发展状况相对的，是互联网人才的紧缺。

有媒体报道，国内知名人力资源专家、领袖HR商学院院长杨平英表示，移动互联网行业存在大量人才缺口，高端人才需求尤其紧俏，“2014年我国移动互联网行业应用开发人员需求量是200多万，但实际从业人员不到70万，差距悬殊。”据预测，2016年互联网金融人才缺口达100万，互联网人才缺口达400万。未来5年，中国互联网人才缺口将达1 000万。

前段时间，一则“我佛要你”的寺庙招聘文案在网络上爆

红，该寺庙通过生动有趣的方式在网上发出多个岗位邀请，其中包括产品运营、新媒体传播等岗位。不少人惊呼，连寺庙都开始玩“互联网 +”了！

在已经到来的“互联网 +”时代，相关人才正逐渐成为各行业、企业竞争的焦点。那么在新形势下，各行业、企业的人才需求怎样？“互联网 +”时代又需要人才具备哪些素质？

经历过高考的人或许都会记得，家长和老师们在学习上的叮嘱都是“不要偏科”，因为在高考的战场上，各科齐平非常重要，有“拖后腿”的科目是大忌，甚至会抹杀掉擅长科目的优势。这是“木桶理论”——一只水桶能装多少水取决于它最短的那块木板，每个人都应该补足自己的“短板”。

但是在互联网时代，这个理论有些不合时宜了。今天的公司实在没有必要精通一切。公司只需要有一块足够长的长板，以及一个有“完整的桶”的意识的管理者，就可以通过合作的方式补齐自己的短板。员工也不需要成为通才，与其花精力治愈自己的某些顽疾，不如花同样的时间和精力把自己的优势发挥出来。在“互联网 +”时代，企业在用人上更看重“长板效应”——有专长、有个性的人才更能脱颖而出。

职业社交网站领英发布的“2014 年中美最热门的 25 个技能”榜单中有 12 个技能与互联网直接相关，排名第 1 的技能为互联网行业基础的“统计分析与数据挖掘”。领英同时对比美国与全球的数据发现，“统计分析与数据挖掘”技能高居中国榜、全球榜榜首，美国榜中也仅居“云和分布式计算”技能之后。可以说，拥有统计分析与数据挖掘能力的人才正越来越受企业重视，数据型人才在中国和全球已成为最抢手的人才。2014 年中、美及全球最热的技能榜单见表 14-2。

表 14-2 2014 年中、美及全球最热的技能榜单

| | 中国 | 美国 | 全球 |
|---|---|---|---|
| 1 | 统计分析与数据挖掘 | 云和分布式计算 | 统计分析与数据挖掘 |
| 2 | Mac、Linux、Unix 系统 | 统计分析与数据挖掘 | 中间件与集成软件 |

领英还通过将中国人才市场上的热门技能与美国和全球市场进行对比，从中分析当前中国以及全球人才市场的发展趋势。

“互联网 +”催生最具“中国特色”的 25 类技能，包括：网络与信息安全，统计分析与数据挖掘、云和分布式计算，虚拟化技术，公共政策与国际关系，Mac、Linux、Unix 系统，公司法与治理，零售店面运营，渠道营销，网络架构与开发框架，商业智能分析，中间件与集成软件，数据工程与数据仓储，社交媒体营销，公共关系与沟通，数字化与在线营销，经济学，数据库软件与管理，写作与出版，微软应用研发，用户界面设计，电视与视频制作，品牌战略与管理，计算机制图与动画。

求职网站 Glassdoor 2016 年发布了最新的北美职场调查报告——《2015 年美国最好的工作》，列出了 25 个最热门的工作，其中 IT 类占据 10 个席位，在所有行业中一枝独秀。

Glassdoor 的职业排名系数主要有三大并重的指标：收入潜力、职业发展机会以及招聘规模。以下是进入 Top25 的十大 IT 类职业，排名依次是：

1. 软件工程师

2. 数据库管理员

3. 产品经理

4. 数据科学家

5. 解决方案架构师

6.QA 工程师

7. 网络工程师

8.IT 项目经理

9. 移动开发人员

10. 销售工程师

在“互联网 +”时代，IT 类人才自然是企业疯抢的人才。不过，IT 类大部分都是技术岗，并不能完全弥补企业的用人缺口，而企业的用人需求并不仅限于 IT 类。那么在新形势下，各行业、企业的人才需求怎样？“互联网 +”时代又需要人才具备哪些素质？

## 三、互联网复合型人才

研究显示，目前国内互联网行业拥有大量的职位缺口，特别是对跨界人才的需求达到了前所未有的高度。为此，新兴创业型互联网公司开出更具吸引力的薪酬与 BAT 等老牌互联网公司展开激烈的人才争夺战。据智谷趋势公开数据显示，在有 1 ~ 3 年工作经验的技术人员中，滴滴、今日头条、美团等公司的平均薪资比 BAT 高出 21%；在有 3 ~ 5 年经验的技术人员中，其比 BAT 高出 18%。

互联网企业争抢人才已经不是新鲜事了。对于更多的传统行业来说，需要的是有互联网思维，又有相关的互联网技能，能驾驭互联网翅膀，让传统行业飞起来的人才。这些人才应对行业本质的模式有深刻理解，同时善于学习，善于灵活运用，能够基于更及时、更全面、更深度的信息，升级战略、策略。

在“互联网 +”时代，集业务知识、网络信息技术、市场营销等多种知识技能于一体的“互联网复合型人才”将是人才市场的主流，传统的单一型人才将被边缘化。

在前程无忧人力资源专家王剑看来，“互联网 +”时代实现了信息透明化，打破了原有的信息不对称格局，能够更好地整合资源，使资源利用最大化。另外，不同行业的渗透演绎出不同的商业模式，带来商业模式的多样化。因此，“互联网 +”时代，需要的是能同时理解两个及以上行业商业逻辑，并能实现其求同存异的跨行业线上线下复合型人才。

然而，现实是普通的互联网相关人才已经“供不应求”，所谓的复合型人才更是稀缺，可遇不可求。

## 四、“互联网 + 人才”关键是创新

有人说，在人人都会上网，有手机就能直播的时代，数以百万计的与互联网相关的岗位应运而生，互联网行业的入门门槛降低了。

其实不然。高端的互联网人才紧俏得很。真正抢手的“互联网 + 人才”是能创新的人才。有互联网业内人士表示，当前应届毕业生就业难成为社会关注的热点问题，其实这包括三个方面，一是找不到工作的大学生，二是辛苦培养一个大学生却为就业无

门苦恼的家长，三是找不到合适人才的企业。

一个企业要保持活力和竞争力，就必须不断创新，与时俱进。对于人来说，要在就业市场上保持竞争力，也要具备创新思维和能力，如此才能符合企业的发展需求。但目前，我国创新创业人才培养力度不足，IT类人才培养模式相对陈旧、基础能力相对薄弱、层次结构不够合理、国际化程度不高等诸多问题亟待解决。

为此，各地的学界业界都纷纷召开研讨会，探讨互联网时代创新型人才的培养模式。谈到人才的培养，绕不开教育领域，归根结底还是要回到学校。如今，互联网之风也刮到了教育界。只有不断探索与行（企）业发展相适应的人才培养战略，推动产学研高度融合，才能为我国经济社会发展提供源源不断的创新创业人才。

“互联网+”时代的新职业如下（领英提供）：

- 汽车开发工程师
- （航空）业务营销
- 医药BI经理
- 互联网首席执行官
- 微信运营编辑
- 大数据咨询师
- 新媒体营销专员
- 创新研究员
- 大数据工程师
- 机器人维修工程师

## 第三节 精英与平民的和解

公元前1世纪，罗马已成为地中海海域的霸主。当时罗马的权力集中在构成政治精英阶层的少数几个大家族手中。统治阶级的内部矛盾以及它与治下人民的冲突导致了连续不断的阴谋、叛乱和内战，不时有人试图推动政治改革。这个时候，信息的交流和传递对精英阶层来说，至关重要。当时的罗马城，消息的发布主要靠广场。但即使身在城外，也可以通过写信来参与信息的交流。对罗马的精英阶级来说，用书信传播信息并不难。罗马的精英阶层受过良好的教育，读写能力很强，为了巩固对平民的统治，牢牢把知识把握在自己手中，识字和书写的能力仅限于精英阶层和少数专业抄写人手中。

这种早期的政治精英与平民之间的矛盾在中国古代也一样存在。历史上著名的"焚书坑儒"就是一个典型的例子。在李斯的建议下，秦始皇开始大规模焚书，通过"禁止百姓以古非今，以私学诽谤朝政"来加强对百姓的思想控制。《史记·儒林列传》评之："及至秦之季世，焚诗书，坑术士，六艺从此缺焉。"

自古以来，精英阶层总是以一种高高在上的姿态俯视平民，更有甚者将之视为"无知愚昧"，而占大多数的平民却难以反抗这种被强加的不平等和"刻板印象"。精英与平民之间的争论和冲突，历史上并不少见。

哪怕是在现代，精英与平民之争也没有完全消停，但这种争论很多时候已经抛开了政治立场。精英与平民不再只是政治学的话语。

在互联网时代，信息传播模式有了翻天覆地的变化，知识传递的门槛被消解了，阶层界限不再那么分明。抛开政治话语，我们可以说精英与平民在某种程度上已经进行了和解。

从人才资源开发的角度来说，高层次人才无论在过去还是现在，都是精英，都是一个国家努力争取的对象。“一个人可以抵得上五个师”的钱学森就是一个很好的例子。

1950 年 6 月的一天，美国华盛顿，一个名叫钱学森的中国人的造访让当时的美国国防部海军次长金贝尔陷入了不安。钱学森刚一离开办公室，金贝尔就立即拨通了司法部的电话，“决不能放走钱学森，他知道的太多了，我宁可把这家伙枪毙了，也不让他离开美国，因为无论在哪里，他都抵得上五个师。”

曾让美国政府感到紧张的钱学森回国后，带领科研人员从仿制入手，根据现有技术和条件逐步研究、完善，奠定了中国导弹的基础。新中国的第一枚导弹试射成功、第一枚原子弹试验成功、第一枚核导弹试射成功，钱学森功不可没。

可见，高层次人才可以发挥强大的带动作用，聚集起很多人才。

这种高层次人才的带动作用，可以形象地总结为：1 个高级人才带动 4 个中级人才加 10 个初级人才。这就是高层次人才的辐射作用，通过搭建信息交流平台，以及“一对一”等专业对口服务形式，把高层次人才的研究成果、创新技术、先进管理理念直接用于生产经营，加快成果由知识形态向现实生产力的转化。

为了应对世界“人才战争”，近年来中国制定了更加积极的高层次人才支持政策。

在国际人才引进方面，2008年起实施了吸引海外高层次人才的“千人计划”,2011年又在此基础上推出了“外专千人计划”，重点吸引非华裔外国专家。

外引固然重要，内培也不能忽视。2012年起实施了“国家高层次人才特殊支持计划”，简称“国家特支计划”，也称“万人计划”，是面向国内高层次人才的支持计划。总目标是：从2012年起，用10年左右的时间，有计划、有重点地遴选支持10 000名左右自然科学、工程技术、哲学社会科学和高等教育领域的杰出人才、领军人才和青年拔尖人才，形成与引进海外高层次人才计划相互补充、相互衔接的国内高层次创新创业人才队伍开发体系。

国家之所以如此大手笔支持高层次人才，就是看到了他们在经济发展中的带动作用。

不过，在新经济时代背景下，在大众创业、万众创新的时代，人人都可以创业，人人都有机会大展拳脚。现在的一些大企业，其创业者最开始只是毫不起眼的“虾兵蟹将”，却能够从小公司孵化成大企业。

从这个角度来说，我们应该转变思想，摒弃单一的人才观，既要强调高层次人才的重要性，又不能忽视为普通人才提供良好的创业就业环境。

# 后记
# 激发人才的创造活力

随着“中国道路”与“中国力量”的显现，“中国方案”与“中国药方”的增长路线图获得广泛认可，中国开始了由“中国制造”向“中国智造”的转型，在更高的起点上加快经济结构战略性调整，尽快实现产业升级和整个增长模式的转型。“创新驱动、质量为先、绿色发展、结构优化、人才为本”，成为《中国制造 2025》的基本方针。

站在深化改革的新起点上，我们必须深刻认识与理解：人才是推动经济发展的第一动力，是推动创新发展的第一资源，是推动绿色联动发展的第一保证。

**关键在人才**

如果说创新发展是当下中国抓住第四次工业革命的核心竞争力，那么，人才战略就是这场竞争中的主要驱动力。作为当今时代经济发展和社会进步最重要、最宝贵、最关键的战略资源，人才已经成为推动社会经济发展的原动力，成为开辟未来和赢得优势的首要因素。

中国经济发展进入新常态，增长速度由高速向中高速转变，经济发展方式转变，结构调整，多年来积累的深层次矛盾需要消化。今天和未来所能依赖的最宝贵的战略资源，就是人才资源；所要建立的最主要的竞争优势，是人才优势。正如国家领导人习近平所强调的，中国作为一个发展中的大国，人才资源是最宝贵的资源，也是最紧缺的资源。中国能不能加快发展，关键在人才，希望在人才。人才资源是实现中国科学发展的第一资源，如今，这一理念已成为全社会的共识。

中国引领发展的核心竞争力，只能是人才。只有坚定不移地深入推进人才强国战略，我们才能抓住创新发展的机遇加快发展，才能不断提高核心竞争力，才能从根本上改变人才建设不适应经济社会发展需要的被动局面，才能倾情谱写中国又好又快、更好更快发展的新篇章。

## 希望在人才

近百年来，人类对工业化进行探索，对信息化进行实践，让知识创造价值，我们对人才资源的思考日益深化，对增长发展的实践领悟更透。尽管中国人才发展取得了显著成就，但与我国经济社会发展的需要还不相适应，与发达国家相比还存在诸多差距。人才资源量、增加值、贡献率很低，人才的创造力、引领力和影响力还很小。可以说，中国需才之大、盼才之切，不啻大旱之望云霓。

当前，要切实发挥人才的第一资源作用，将人才工作的主战场放在经济领域，主要阵地放在优势产业，主攻目标放在重点企业，发挥人才项目工程引领带动作用，更加注重经济社会的发展需求，推动高层次、高技能人才队伍建设，为经济社会又好又快发展提供智力支撑和人才保障。

大力开发人才资源、大胆使用人才资本、大批引进人才智力、全力服务人才需求、深入研究人才规律，中国大地从未像今天这样如此求贤若渴，从未如此放大视野，从未如此不拘一格吸纳人才。惟其厚德迎之，方能群贤毕至。

大发展的中国渴望人才，大开放的中国呼唤人才，大开发的中国急需人才，绿色创新，需要人才的智慧和力量，需要不断地开发、培育人才资源和人才资本。

在新时期、新形势、新任务下，我们比以往任何时候都更加需要树立科学的人才发展观，加强思想认识，加快行动落地，不负重托，不辱使命，以满腔热情创新发展，开创增长的新局面，贡献发展的新境界。

# 推荐阅读

| 书号 | 书名 | 定价 |
|---|---|---|
| 978-7-111-48929-0 | 美德的起源：人类本能与协作的进化 | 69.00 |
| 978-7-111-49549-9 | 先天后天：基因、经验及什么使我们成为人（原书第4版） | 69.00 |
| 978-7-111-50424-5 | 基因组：人类自传 | 79.00 |
| 978-7-111-50532-7 | 理性乐观派：一部人类经济进步史（珍藏版） | 69.00 |